다홀미디어

이제는
나도 인기BJ다

2015년 4월 30일 초판 1쇄 인쇄
2015년 5월 5일 초판 1쇄 발행

저 자	이영호
펴낸이	김영애
펴낸곳	SniFactory (에스앤아이팩토리)
디자인	dreamdesign

등록	제2013-000163호(2013년 6월 3일)
주소	서울시 강남구 삼성동 157-8 엘지트윈텔1차 1402호
	http://www.dahal.co.kr / dahal@dahal.co.kr
	전화 02-517-9385 / **팩스** 02-517-9386

ISBN　　979-11-86306-07-9

값 15,000원

ⓒ2015, 이영호

글 이영호

다흘미디어

인터넷방송
인기 BJ가 되고 싶어요!

우리나라 인구수보다 많은 스마트폰 사용자 수에 놀란다. TV를 대체해가는 컴퓨터의 종류 이야기다. 한 사람당 2개, 3개를 갖고 다니는 사람도 많다. 한 사람이 스마트폰과 태블릿PC, 컴퓨터까지 3종의 기기를 가진 사람도 허다하다. 여기에 노트북컴퓨터까지 갖고 있는 사람의 수를 더하면 어마어마한 기기랑 같이 지낸다는걸 알게 된다.

영상전화 / 동영상 메시지 / 유튜브 / MP3 음악 듣기 / TV 다시보기

이른바 플랫폼의 홍수시대다. 손바닥 안에, 책상 위에, 무릎 위에, 침대 위에 누워서까지 기기랑 같이 생활하는 사람들이다. 어깨에 메서 들고 다니고, 손바닥 안에 쥐고 다니고, 책상 앞에 앉아서 보는 건 물론이고 커피점을 넘어 비행기 안에서도 컴퓨터랑 어울리는 사람들이다. TV시청률이 점점 낮아진다고도 하고 사람들이 TV를 일찍 끄기 시작했다는 얘기도 여기저기서 나온다. 사람들이 보고 즐기는 '미디어'에 대해 대대적인 변화가 시작된지 오래라는 사실이다.

나만의 방송을 하고 싶다는 사람들이 폭증하는 건 그래서 당연하다. 미디어 기기랑 생활하던 사람들이 미디어 속으로 들어가고 싶어 하는 시대다. 중고생은 물론이고 아저씨, 아줌마, 언니, 오빠들이 미디어 속으로 들어가서 사람들과 어울리는 세상이 되었다. 할아버지 할머니도 마찬가지다.

사람들이 미디어 속으로 들어오기 시작하자 바빠진 건 인터넷기업들이다. 개인방송 서비스를 시작하고 동영상 콘텐츠를 모아서 보고 즐기는 사이트를 만들었다. 사람들이 영상에 몰리면서 광고를 하려는 기업도 나타났고 인기 콘텐츠를 만드는 사람들은 연간 수입만 수억 원을 벌 수 있는 기회의 공간이 되었다.

"오늘의 방송을 시작합니다!"

친구들과 재미있게 놀기 위해 시작한 BJ가 어느 순간부터 직업이 되었다. 자연스럽게 BJ들만을 위한 상품들도 생겼다. 인터넷방송 BJ들만을 위한 헤어샵이 생기면서 인터넷방송 화면에 예쁘게 보이는 메이크업과 헤어스타일까지 나왔다. 인터넷방송 조명, 인터넷방송 카메라, 인터넷방송 BJ들이 사용하는 의자를 검색하고 쇼핑하겠다는 사람들도 늘어났다. BJ가 돈도 벌 수 있고 자기가 가진 끼와 재능을 마음껏 펼칠 수 있는 무대가 될 수도 있다는 인식이 퍼졌다.

인터넷방송 BJ들은 한물간 노래마저 음악차트에 다시 불러올 정도로 힘이 세졌다. 인터넷방송 BJ들이 화제에 오른 여가수의 춤을 따라하고 음악을 튼 상태에서 시청자들과 대화하기 시작하면서 생겨난 현상이다.

그러자 선배 BJ들은 보다 높은 퀄리티의 방송을 만들기 시작했다. 해상도가 월등히 높은 카메라를 외국에서 직접 수입해서 방송에 이용하고, 방송 콘텐츠를 만들기 위해서 일본이나 태국, 미국 등지로 출장여행을 떠나는데 망설이지 않았다. 인터넷방송 서비스를 하는 회사에서는 BJ들에게 전폭적인 지원을 해주고 시상식까지 열어주며 더 많은 사람들을 컴퓨터 앞으로 불러들이기 시작했다.

이번엔 대형 포털사이트에서 지상파TV와 손잡고 인터넷방송 서비스 진출을 타진하는 모습을 보였다. SNS서비스와 막강한 장비와 서비스개발진을 갖춘 인터넷 대기업까지 인터넷방송 분야를 넘보는 상황이 되었다.

"인터넷방송 그거? 야한 방송 하는 거 아냐?"

그러나 일부 사람들은 여전히 '인터넷방송이라고 하면 낯 뜨거운 방송을 보는 일부 극소수만을 위한 것'으로 여기고 있었다. 인터넷방송 초창기 시절에 시청자 수가 거의 없던 상황에서 성인용 방송을 무리하게 진행하던 사람들이 만들어놓은 이미지가 아직 남은 상태였다. TV의 힘을 약하게 만들 수 있는 미디어 매체의 등장에 몸 사린 TV방송국 측에서 의도적으로 짜 맞춘 인터넷방송 폄하하기 전략일 수도 있었다. 그런데 시청자들이 많아지면서 인터넷방송 콘텐츠의 퀄리티가 달라지기 시작했다.

인터넷방송 쟈키가 되어 큰 인기를 끄는 BJ들은 사실 그들도 한때는 TV시청자들이었고 인터넷방송을 보던 사람들이었다. 그런데 만족할 만한 방송 콘텐츠가 없다는 걸 알고 직접 BJ로 나서면서 인터넷방송의 인기를 리드하는데 앞장서고 있다. TV에서 만족할 수 없었던 그들은 콘텐츠를 찾아 인터넷방송을 기웃거리게 되었고, 그들 자신이 콘텐츠를 직접 만들어 다른 사람들과 같이 즐기게 되었다.

정치세태 시사방송, 게임 방송, 영어교육 방송, 청소년 고민 상담 방송, 개그방송, 노래실력 뽐내기 방송 등으로 다양한 방송 콘텐츠 무대가 열리면서 기존의 미디어에 식상해하고 새로운 걸 원하던 시청자들이 인터넷방송으로 몰려오는 트렌드를 만들어냈다.

"BJ가 되고 싶어요!"

　그런데 문제가 생겼다. 이왕 시작한 BJ를 잘하고 싶은데, 남들처럼 예쁘게 보이는 카메라 작동법을 모른다, 노래 선곡은 어떻게 하고 시청자들과의 멘트는 어떻게 나눠야 하는지 도무지 모르겠다고 하소연한다. 인터넷방송 시청자들이 급증하는 상황에서 수준 높은 퀄리티의 콘텐츠가 수요가 늘어나는데 어찌할 바를 몰라서 발만 동동 구르는 사람들이 대다수다.

　그래서 이 책 '인기 BJ 따라잡기!'가 세상에 나오게 되었다. 인터넷방송 BJ가 되어 시청자들과의 대화를 실제 경험한 저자가 낱낱이 공개하는 'BJ의 모든 것'을 담았다. 인터넷방송에 게스트가 되어 첫 방송하던 날에 떨리던 심정을 소개하면서 책이 시작된다.

　저자의 인생에서 그런 마이크를 볼 기회가 있을지 꿈도 못 꾸던 상태에서 갑자기 눈앞에 등장한 콘덴서 마이크, 음악 신청곡과 BJ의 멘트를 부드럽게 이어주는 오디오 믹서, 시청자들과 전화연결을 하며 시청자의 노래 소리까지 방송으로 내보내주는 하이브리드 장치까지 알게 될 줄이야! 처음 들어보는 어려운 방송용어도 머릿속을 하얗게 해주지만 아무도 없는데 마이크 하나만 놓고 어딘가에 누군

가와 대화를 해야 한다는 낯선 상황 대처법도 이야기한다.

하지만 이 책은 인기 BJ가 될 경우 경험하게 될 연예인 못지않은 인기와 놀라운 수입에 초점을 맞추진 않았다. 저자 자신이 겪었던 인터넷방송의 실수담까지 공개되며 시청자들이 인터넷방송과 소통하는 법과 함께 인터넷방송 BJ로서 웃지 못할 아찔했던 방송사고까지 가감 없이 그대로 이야기한다. 어렵고 딱딱한 용어가 아니라서 더 친근하고 재미있다. 마치 인터넷방송에서만 보던 BJ가 독자들과 만나서 방송의 모든 걸 이야기 나누는 커피점 분위기로 느껴진다.

그리고 이 모든 시설을 갖춘 방송 공간이 컨테이너 박스를 개조한 학생 원룸만한 크기의 작은 녹음실 하나가 전부라는 사실을 알게 되는 독자들이라면 인터넷방송이 누구나 할 수 있는 거라는 확신을 가지리라 생각한다.

TV를 대체하는 미디어로서의 컴퓨터 이야기가 펼쳐진다.
당신도 컴퓨터 한 대로 시작하는 인터넷방송의 인기 BJ가 될 수 있다.

2015. 4. 25.
이 영 호

Prologue... 004

BROAD CASTING

JACKY

Part.1

인터넷방송 인기 BJ가 되고 싶어요

인터넷방송
인기 BJ가 되고 싶어요

인터넷을 통해 다수의 사람들이 접속해서 볼 수 있는 인터넷방송은 UCC^{사용자 제작 콘텐츠:User Created Contents} 를 말한다. 어느 누구나 자신만의 콘텐츠를 만들어서 인터넷에 올려 방송을 하면 그게 인터넷방송이 된다.

인터넷방송이 처음 등장한 시기는 인터넷산업이 시작되던 시기와 거의 맞물려 있다. 국내에는 1990년대 초반 하이텔, 천리안, 나우누리 등의 PC통신 서비스가 시작되면서 비롯되었다. 이 당시엔 우체국에서 무료로 나눠주는 PC통신 단말기를 통해서 집 전화선을 통해 접속하였는데 01410 또는 01411 등의 번호를 입력하면 '삐~비~삐리리'라는 날카로운 기계음과 함께 파란색 모니터 위에 흰색 글자들이 표시되었다. 이보다 더 앞서 KETEL이라는 국내 모 신문사에서 시작하던 서비스도 있었지만 많은 사람들이 관심 갖고 시작하던 인터넷 발발 시기는 PC통신 시점으로 보는 게 적합하다.

PC통신 서비스가 시작되면서 사람들이 느낀 문화적 충격은 실제 엄청났다. 특히 1990년대에 20대 시기를 보내던 일명 'X세대'들은 당시에 인기를 끌던 '호출기(삐삐)'와 함께 PC통신 속에서 청춘을 보냈다. '호출기'는 모토로라 등의 회사가 출시한 무선 단문서비스를 말하는데 당시만하더라도 휴대폰을 사용하는 사람이 극히 드물었던 상황에서 누군가에게 연락하려면 집전화가 주로 쓰였던 시기다.

친구나 가족 등 연락할 사람이 있으면 그 사람의 '삐삐' 번호만 알면 언제든 연락이 되었다. '삐삐 친다'를 말을 사용하였는데 이를테면 누군가의 삐삐 번호로 전화를 걸어서 전화를 건 사람의 번호를 남기면 상대방의 삐삐에 번호가 표시되고, 잠시 후 내가 남긴 번호로 상대방이 전화를 걸어오는 방식이었다.

기술이 점차 발달하면서 숫자로 표기되는 전화번호 외에 간단한 문자로도 발송할 수 있었는데 8282(빨리빨리) 등의 숫자만으로도 '전화를 빨리 걸어라'는 의미가 전달되었다. 이렇게 메시지를 여러 사람들에게 전달할 수 있었다는 점에서 '인터넷방송'의 시작이라고 부를 수 있다.

방송진행자가 등장하고 시청자들과 대화하며 음악도 같이 듣는 방송은 1995년경 국내에 인터넷쇼핑몰이 첫 등장하면서부터라고 봐야 한다. 롯데닷컴과 인터파크 등의 기업에서 일반인들을 상대로 확장하며 인터넷쇼핑몰을 시작한 경우인데, 사실 인터넷쇼핑몰은 기업에서 자재구매를 위한 내부통신망으로 시작된 게 시초다.

1990년대 초 PC통신으로 시작된 인터넷이 단말기를 통한 문자 콘텐츠에 의해 이뤄졌다면 1990년대 중반에는 '쇼핑' 분야를 특화시켜서 인터넷쇼핑몰이 생겼고, 유무선 통신을 벗어나 데이터통신 시대가 열리면서 본격적으로 문자, 이미지, 동영상, 오디오 등의 모든 콘텐츠를 주고받는 인터넷시대가 열렸기 때문이다. 그리고 삐삐를 넘어 휴대폰이 등장하면서 무선 데이터통신 시대가 열렸고, 이 시점부터 사람들은 언제 어디에서나 서로 연락할 수 있게 되면서 통신 르네상스 시대를 맞이하게 되었다 .

그리고 2000년대에 접어들 무렵부터 무선 인터넷망을 사용하는 본격적인 인터넷방송 서비스가 등장하였는데 인터넷방송 초창기엔 영상, 오디오(음악), 텍스트로 만든 데이터를 인터넷 서버에 올려두고 다른 사람이 접속하여 다운로드 받아 사용하는 형태였다. 요즘처럼 실시간으로 소통하는 서비스는 조금 나중의 일이다.

그러다가 시간이 흘러 드디어 2000년대 초반이 되면서 데이터를 저장하는 D램 등의 반도체 기술이 고도화되면서 국내에도 정부와 대기업들이 주도하여 전국을 연결하는 촘촘한 데이터통신망이 구축되었고 본격적인 전국 인터넷방송 시대가 열렸다. 전국적으로 PC방이란 새로운 사업형태가 자리 잡게 된 시점도 이 무렵이고, 인터넷망을 사용해서 노래를 선곡하고 부르며 즐기는 동시에 CD에 저장해서 가질 수 있는 디지털노래방이 등장한 시기이기도 했다.

전깃줄을 설치하고 전화선이 연결되어야만 통신이 가능했던 시대를 벗어나 데이터를 주고받는 기지국을 설치해서 무선으로 통신할 수 있게 된 시대가 된지 얼마 지나지 않아 급속도로 바뀐 변화였다. 그리고 2010년대에 접어들면서 이제 사람들은 국내외 언제 어디에서나 스마트폰 한 대만으로 누군가와 통신할 수 있게 되었고, 우주정거장에 머무는 우주인과도 트위터나 페이스북을 통해 친구가 될 수 있는 시대에 살고 있다.

그래서 인터넷방송은 기존의 TV나 라디오방송과 전혀 다르게 실시간으로 데이터를 주고받는 방송인 동시에 전 세계 사람들을 시청자권으로 둘 수 있다는 점에서 방송영역도 제한받지 않으므로 그 방송파급력은 상상할 수조차 없는 막강한 성장 가능성을 지녔다.

기존의 인터넷방송이 온라인음원 사이트에서 음악을 골라 사이트 접속자들과 공유하는 방식이었다면 이젠 어엿한 방송진행자가 등장하는 영상을 공유하는 방식이 되었는데, 인터넷방송 BJ가 등장하고 연예인 못지않은 인기를 누리는 현상도 어쩌면 당연한 일이었다. 시청자층이 연령제한 없이 두터워지면서 기존의 방송에선 만족하지 못하던 콘텐츠 소비욕구를 지닌 사람들이 앞 다퉈 인터넷방송으로 몰려드는 중이기 때문이다.

그런데 여기서 문제가 생겼다.

기존의 TV 라디오 방송에서 진행자가 되고 자기 프로그램을 맡으려면 입사 시험을 통과한 이후에도 최소한 6개월 이상의 수습기간과 수년의 업무훈련을 거쳐야만 했는데 인터넷방송은 방송을 하기 원하는 누구나 결심과 동시에 방송을 시작할 수 있었기 때문이다. 그래서 인터넷방송 초기에는 돈을 벌기 위한 성인방송이거나 홍보 또는 자기실력 과시용 게임방송이 위주가 되었던 이유다.

그래서 이제 인터넷방송은 중요한 변화의 시기에 도달해있다는 점을 기존의 BJ들과 인터넷방송 서비스 사업자들도 느끼는 상황이다. 인터넷방송과 기존의 TV 라디오방송이 서로 경쟁해야하는 시점이 되었기 때문이다. 그리고 '또래문화'로 치부되던 기존의 인터넷방송 콘텐츠 형태로는 제대로 훈련받은 TV 라디오 콘텐츠와 경쟁할 수조차 없다는 걸 잘 알기에 그렇다.

더구나 인터넷방송 진행자들의 무분별한 욕설방송도 시청자들에게 거부감을 갖게 하는 상황이다. 방송 초기엔 기존의 제도권 방송과 다르게 '욕'을 할 수 있다는 점에서 어느 정도의 대리배설 효과를 누리는 시청자들도 있었지만 점점 더 많은 사람들이 인터넷방송을 보게 되면서 지탄을 받게 되는 일들이 심심찮게 벌어지는 중이다. '또래 문화'이자 '언더그라운드 방송'에만 남아 있을 수 없을 정도로 시장이 커져버린 상태였기 때문이다. 인터넷방송 BJ가 중요한 이유다.

이제부터 인터넷방송 BJ에 대해 알아가도록 하자.

기존의 제도권 TV 라디오 방송과 인터넷방송이 다른 점은 시설과 장비, 기술력뿐이다. 방송진행자들은 똑같은 사람이기에 어느 누가 낫다고 할 수 없다. 오로지 각자의 경쟁력으로 개성을 살린 콘텐츠를 선보여 경쟁할 뿐이다. 좋은 카메라가 좋은 콘텐츠를 만드는 것도 아니다. 커다란 사무실과 스튜디오를 가져야만 훌륭한 콘텐츠를 만드는 것도 아니다.

콘텐츠를 만드는 건 오로지 사람일 뿐이다. 콘텐츠가 방송되는 매체는 스마트폰과 컴퓨터 모니터다. 기존의 인터넷방송 BJ들 뿐만 아니고 앞으로 새로운 BJ가 되기를 원하는 사람들에게 열린 기회의 무대가 되는 이유다.

BJ는 방송 진행자라는 브로드캐스팅 쟈키Broadcasting Jockey의 약자다. 라디오 진행자를 '디스크 쟈키Disk Jockey: DJ'라고 부르고 방송진행자를 뜻하는 MC는 '마이크 컨트롤러Mic Controller 또는 마이크 체커Mic Checker'를 말하는 것과 같다. 인터넷방송 진행자라고 특정해서 부른다면 IBJ, 즉 인터넷 브로드캐스팅 쟈키Internet Broadcasting Jockey라고 부를 수 있다.

BJ가 하는 일은 인터넷방송을 진행하면서 시청자들과 소통하는 일이다. 채팅 창에 올라온 시청자들의 메시지를 방송을 통해 읽어주거나 질문에 대해 답변해주는 등의 일이다. 그리고 라디오 DJ들처럼 시청자들로부터 신청곡을 받아서 방송에 틀어주는 일은 거의 하지 않는다. BJ의 경우엔 UCC를 만든다는 개념이기에 BJ가 좋아하는 음악을 선곡해서 틀어주는 게 대부분이다.

소통하는 게 주된 업무(?)이다 보니 시청자들과 단순히 방송 내에서의 관계 외에도 '스타와 팬'의 관계가 되기도 한다. 정기적으로 모임을 갖고 방송 외에서 만나기도 하며 방송에 팬들이 들어오면 반갑게 인사 나누는 일도 생긴다. 시청자들에 의해 만드는 콘텐츠가 아니고 BJ가 만드는 콘텐츠를 방송하는 개념이라서 BJ 스스로 아이디어가 많고 방송하기를 즐기는 사람이라면 인기 BJ가 될 수 있다.

활발하게 활동하는 BJ들은 주로 20대, 30대 연령층의 진행자들이 많은데 딱히 나이 제한이 있는 건 아니다. 10대 청소년들 중에도 인기 BJ들이 많으며 40대 이상의 BJ들도 활발히 활동 중이다. 이들이 다루는 방송 콘텐츠는 연예, 영어, 학습, 정치, 시사, 게임, 요리, 식사 등처럼 무수히 많다.

02 인터넷방송이 뭔가요?
└ 팟캐스트^{PodCast}란 것과 차이가 있어요?

팟캐스트는 주로 스마트폰 사용자들을 대상으로 하는 방송의 종류로 '녹화 다운로드' 형태에 가깝다. 팟캐스트 역시 UCC의 일종으로 제작자가 미리 녹음 또는 녹화하여 만든 파일을 인터넷서버에 올려두고 이를 본 사람들이 다운로드받아서 자신의 스마트폰 내에서 시청하거나 듣는 형태의 방송이 된다.

이에 비해 여기서 말하는 BJ의 인터넷방송은 실시간 방송이란 점이다. BJ가 인터넷방송을 시작하면 사람들이 접속해서 방송을 보게 된다. BJ의 인터넷방송도 '녹화하기' 등의 방식으로 저장되기도 하는데 이 영상을 시청자가 다운로드하는 방식은 아니고 BJ의 방송국 사이트에 들어와서 '지난 방송 다시 보기' 형태로 시청하게 된다.

BJ의 인터넷방송은 인터넷 주소처럼 개별 방송국 주소를 갖고 방송하는 형식이고 팟캐스트는 특정 서버에 미리 만든 콘텐츠를 올려두면 사람들이 나중에 접속해서 다운로드 받아 자신의 기기에서 보거나 듣는 방식의 방송이다. 팟캐스트는 다운로드 수가 인기의 척도가 되고, BJ의 인터넷방송은 시청자 수가 인기의 가늠이 된다.

인터넷방송 BJ가 되는 자격제한이나 조건, 나이제한은 전혀 없다. 미성년자는 부모의 동의하에 활동할 수 있겠지만 20세 이상의 성인이라면 누구나 방송 가능한 진행자가 될 수 있다. 인터넷방송을 하기 위한 시설이나 장비도 대단한 게 아니다. 집에서 사용하는 컴퓨터만 있으면 된다. 스피커와 마이크, 컴퓨터만 있으면 자기 집 방 안에서 책상 위에 컴퓨터를 놓고 방송을 시작할 수 있다.

인터넷방송은 장소 제한도 없다. 인터넷이 가능한 노트북이나 스마트폰이 있다면 집이 아니더라도 커피점 또는 야외 어디에서나 방송 가능하다. 술집에서 술을 먹는 방송도 가능하고 외국에 나가서

쇼핑하며 여행하는 모습도 방송할 수 있다. 기존의 TV 라디오 방송이었다면 어마어마한 장비와 인력을 동원해야만 했던 방송도 스마트폰 한 대만 있으면 가능하다.

방송 콘텐츠도 UCC로서 BJ가 스스로 만든 콘텐츠면 무엇이나 가능하다. 밥을 먹는 장면을 방송하기도 하고 게임하는 상황을 그대로 방송하기도 한다. 회사의 야외 체육대회를 중계하기도 하고 동창회나 친목회 모임 상황도 방송 가능하다. 활발히 활동하는 BJ들 중에는 다소 특이한 콘텐츠를 만들기 위해 노숙자 인터뷰, 술 3병 한 번에 마시기, 많이 먹기 등의 엽기적인 내용도 선보이는 경우가 있다. 그리고 자신의 잠자는 모습을 방송하는 BJ도 있고 수능시험을 준비하면서 공부하는 모습을 방송하는 사람도 있다.

이처럼 BJ의 인터넷방송은 내용에 딱히 제한을 두지 않는다. 자신의 모습을 남에게 보이고 싶은 재능 넘치고 끼 많은 사람이 방송을 하는 것도 가능하고, 수능합격을 목표로 나태해지거나 게을러지지 않기 위해 책상 위에 방송을 켜두고 정해진 시간마다 시청자들과의 약속 형태로 책상 앞에 앉아 공부하는 BJ들도 있다. 이 경우 자기가 모르는 문제나 찾기 어려운 궁금증은 시청자들과 공유하며 같이 풀거나 답을 찾기도 한다.

BJ의 인터넷방송은 콘텐츠다.

그래서 인기를 얻고 시청자 수가 많게 되면 광고주들이 연락을 해온다. 방송 화면에 광고를 넣어달라고 부탁하며 돈을 지급한다. 때로는 시청자들이 BJ에게 각종 형태로 시청료를 지급하기도 한다. BJ 덕분에 어려운 고민이 해결되었거나 BJ와 함께 시간을 보내면서 행복함을 느꼈다면 어떻게든 상대에게 보답을 하고 싶은 마음에서 비롯되는 행동이기도 하다.

그래서 인기 BJ들의 경우엔 수개월 만에 수억 원의 수입을 얻기도 한다. 인터넷방송 서비스를 제공하는 사이트들마다 BJ들에게 수입을 제공하기 위한 각종 수단이 마련되어 있다. 시청자들이 구입할 수 있는 유료아이템도 있고 BJ가 구입해서 시청자들에게 나눠줄 수 있는 각종 아이템도 많다.

인기 BJ가 아니더라도 인터넷방송을 시작하려는 초기 단계부터 기업들과 제휴하여 방송을 시작하는 경우도 있다. 기업의 홍보도 겸하면서 게임 방송을 진행하거나 인터넷쇼핑몰과 제휴하여 해당 쇼핑몰의 의상이나 액세서리를 착용하고 방송을 진행하기도 한다. BJ로서 인기를 얻어서 나중에 인터넷쇼핑몰을 만들거나 상품을 만들

어서 판매하는 BJ들도 많다. 자신의 인지도를 바탕으로 인터넷방송
이란 홍보수단을 통해 부가적인 사업수익까지 올리는 경우들이다.

인터넷방송 BJ가 직업이 아니어도 좋다.

자기가 좋아하는 취미를 다른 사람들과 공유하고 더 좋은 점을 찾
기 위해 시청자들과 공유하는 형태도 좋은 방송이 된다. 내가 만든
양초, 내가 만든 화단, 내가 만든 옷, 내가 만드는 가구, 내가 가꾸는
과수원, 내가 잡은 물고기, 내가 낚시하는 모습 등을 인터넷방송에서
소개하면서 시청자들로부터 조언을 얻기도 하고 좋아하는 일은 같
이 나눌 수 있는 경험도 얻을 수 있다.

BROAD CASTING

JACKY

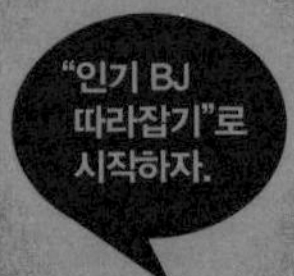

Part.2

드디어
지금부터 BJ다!

드디어
지금부터 BJ다!

　자, 그럼 이제부터 BJ가 되기 위해 해야 할 것들을 알아보자. 컴퓨터는 어떤 걸 준비해야 하는지, 조명은 어떻게 갖춰야 하는지, 스피커나 마이크는 어떤 브랜드를 준비해야 할지 등등, 인터넷방송 BJ가 되고 싶은데 모르는 게 너무 많다고 고민하지 말자. 컴퓨터와 조명, 카메라, 마이크, 방송장소 등에 대해 하나씩 알아 가면 누구나 금방 시작할 수 있다.

01 컴퓨터가 필요해!
ㄴ 노트북이냐 데스크탑이냐?
ㄴ 카메라랑 맞춰야 해!

　가장 먼저 내가 가진 컴퓨터를 확인하자. 언제 샀는지 가격은 얼마였는지 중요하지 않다. 전원이 켜지고 인터넷이 가능한 컴퓨터라면 일단은 OK다. 인터넷방송하는데 무조건 전문적이고 고가의 컴퓨터가 필요한 건 아니다. 키보드 작동이 잘 되고 마우스가 있으며 스피커까지 있는지 확인하자. 스피커는 외장형 스피커가 아니더라도 컴퓨터에 내장된 스피커가 있을 수 있다. 내장된 스피커가 없더라도 이어폰이 있으면 된다.

"제가 이어폰이 있긴 한데 이건 mp3 듣던 건데요?"<br>"스마트폰 살 때 같이 받은 건데요?"

상관없다. 이어폰은 세계 표준이 있어서 어느 제품에 사용하던 건지 상관없이 컴퓨터이건 스마트폰이건 mp3용이건 간에 다 똑같다. 단, 이어폰이랑 마이크 일체형이 있고 이어폰만 있는 게 있으니 그것만 살펴보자. 마이크도 없고 이어폰에 마이크 기능이 탑재된 게 아니라면? 맞다. 마이크는 새로 사야한다.

컴퓨터가 있어요! 그 다음은 요?

컴퓨터 바탕화면에 [내 컴퓨터] 아이콘이 있다. 여기에 마우스 커서를 올려두고 마우스 오른쪽 버튼을 누르면 [속성] 메뉴가 나온다.

그러면 [속성]을 눌러서 내 컴퓨터의 성능을 확인하자. 반드시 새 컴퓨터로 해야할 이유는 없다. 다만 인터넷방송을 하기 위해선 어느

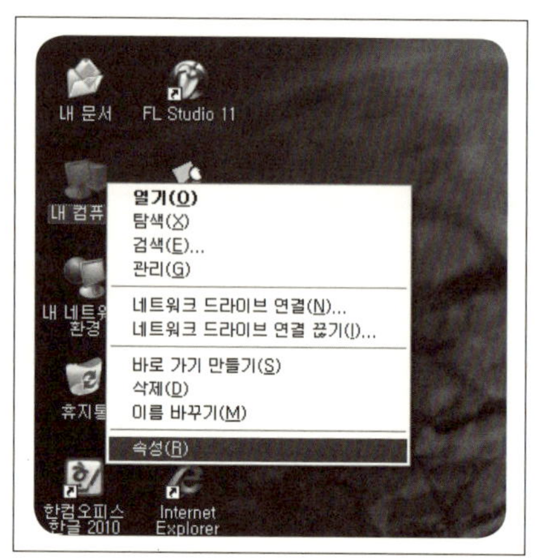

정도의 성능(사람으로 생각하면 어느 정도의 학습능력 정도)이 필요하다. 초등학생에게 대학교 수업을 배우라고 할 수는 없는 노릇인 것과 같다. 기본적으로 학습능력이 갖춰진 사람에게 그 수준에 맞는 학습을 가르치듯 인터넷방송을 할 수 있는 컴퓨터에게 방송을 맡겨야 한다.

컴퓨터 성능은 사람의 두뇌에 해당하는 'CPU중앙처리장치'가 '듀얼코어급 이상'이면 좋고, RAM사람의 기억속도는 1G기가 이상이면 좋다. 그래픽카드영상이나 이미지의 색감을 구현해내는 부품는 지포스 8500 이상 정도면 고퀄리티 방송이 가능하다. 물론 여기서 '지포스 8500'이란 건 상표명칭일 뿐이다. 뭔가 어려운 그런 게 아니므로 마음 놓자.

컴퓨터가 이 정도면 되겠다 싶으면 다음은 모니터다.

모니터는 한 대만 있어도 된다. 불가능한 건 아니다. 노트북컴퓨터일 경우에도 모니터는 당연히 한 대이므로 상관없다. 컴퓨터에 붙은 모니터라도 좋다. 컴퓨터에 맞게 이상 없이 작동되는 모니터라면 인터넷방송이 가능하다.

"모니터 한쪽에 LCD판이 망가져서 색감이 이상해요!"
"모니터가 작아요!"

전혀 상관없다. 방송은 컴퓨터랑 카메라가 만든다. 모니터는 TV 브라운관이랑 같다고 생각하면 된다. 이런 식이다. TV를 보는데 '풀HD^Full High Definition' 화질이라며 엄청난 기술적 개가를 올렸다고 홍보하는 걸 본 적이 있는가? 요즘엔 'UHD^Ultra High Definition 화질'이라며 사람 눈에 비춰지는 모습과 거의 흡사하게 구현된다는 모니터도 나오지만 말이다.

"풀HD요? 친구네 집에 가보니 풀HD 모니터라면서 보는데 화질이 진짜 좋던데요, 우리집에 와서 보니 그냥 그래요.
컴퓨터랑 TV 브라운관이랑 똑같던데요? 이건 왜 그런 거죠?"

방송국에서 풀HD 영상으로 콘텐츠를 만들더라도 시청자가 사용하는 모니터가 풀HD가 아니라면 그건 시청자 눈에 그냥 일반화질 콘텐츠로 보일 뿐이다. 풀HD 영상은 풀HD 영상을 지원하는 모니터 기능이 있어야만 풀HD로 보인다. 생각해보자. 예전에 출시된 CRT 브라운관이 있다. 이건 대부분 SD^{Standard Definition}급 영상을 보여주는 브라운관들이다. 풀HD로 영상을 만들어서 그 시청자에게 보내주더라도 그 시청자는 'SD'급 화질로만 볼 수 있다는 얘기다. 풀HD 영상을 만들기 위해 비싼 돈 들여 카메라 사고 편집했던 제작자 입장에선 서운할 수도 있다. 하지만 어쩌겠는가? 시청자에게 풀HD 모니터 사 주지 않을 거라면 그래도 봐주는 게 어딘가.

해상도 화질을 SD, HD, Full HD로 구분하는 기준은 1인치 당 표시되는 화소의 수를 기준으로 한다. 가령 SD해상도는 약 35만 개의 화소가 표시된다. 영상 크기는 720×480 정도다. 그리고 HD는 약 100만 개 화소가 표시되고 크기는 1,366×768 정도인데, 풀HD는 약 200만 개 화소에 크기는 1920×1080 크기다. 1인치 당 표시되는 화소 수가 많을수록 조밀하게 되는 덕분에 화질이 좋은 걸 느끼게 된다.

그럼 SD영상으로 만든 방송을 풀HD 모니터에서 보면 어떨까? 이 경우엔 풀HD용 모니터보다 오히려 SD용 모니터에서 보는 게 더 화질이 좋다고 느끼게 된다. SD모니터에 맞게 제작한 영상이라서다. 이런 이유 때문에 기술적으론 UHD 화질까지 구현했지만 방송국이나 일반 제작사에서 UHD 영상을 만들지 않는 이유도 된다. 대다수의 시청자들은 아직도 SD모니터를 쓰거나 HD 또는 풀HD 모니터를 쓰는 경우가 대부분이라서다.

그리고 UHD 영상이 기존의 풀HD 영상보다 4배나 더 선명하다고 하지만 사람의 육안으로 체감할 수 있는 선명도의 차이점은 2배 정도가 아닐까 생각된다. UHD 모니터에는 기존의 SD급 영상이나 풀HD 영상을 UHD 모니터에서 볼 수 있도록 '업스케일링' 기술이란 걸 장착했는데 '이게 뭐냐?'하면 UHD 보다 낮은 해상도에서 만든 영상일지라도 세밀한 부분을 보정해서 UHD 모니터에서 볼 수 있게 만들어준다는 얘기다. 물론 일반 시청자들 눈에는 아직 크게 체감되는 부분이 아니다.

모니터가 한쪽에 깨져도, 크기가 작아도 상관없는 이유이기도 하다. 인터넷방송하는 BJ 입장에선 전혀 상관할 바가 아니다. 컴퓨터랑 카메라로 만든 영상을 보여주는 게 모니터일 뿐이고, 모니터가 방송을 만드는 건 아니라서다. 다만, 시청자 입장에선 BJ의 방송을 제대로 보고 싶을 때 고장 없는 모니터로 바꿔주면 된다.

그것도 상관없다. BJ가 방송할 때 카메라 설정에서 영상의 가로 세로 비율을 6:4로 했는지 16:9로 했는지에 따라 일반형 모니터에서도 보고, 가로가 긴 가로형 모니터에서도 보기에 편할 뿐이다. 그리고 이어서 말하겠지만, 카메라 해상도를 1080 또는 720 또는 480 등 어느 기준에 맞추느냐에 따라 나중에 시청자들이 보기에 편한 화질이 나온다.

예를 들어, BJ가 카메라 해상도를 480에 맞추고 16:9 화면 비율로 촬영하며 방송을 했다면 이 영상을 보는 시청자들은 모니터에서 영상 크기를 가로 480으로 보기에 좋다. 가로형 모니터가 아니라면 그 시청자의 모니터엔 가로의 일정 부분이 잘려서 안 보일 뿐이다. 그런데 그 시청자가 화면을 크게 보고 싶어서 영상을 720 사이즈로 키웠다면 BJ가 만든 480 크기의 영상은 해상도가 흐려진다. 작은 화면을 크게 늘리니 당연한 일이다.

일반 모니터	가로형 모니터	화면에 비노출 부분

일반형 모니터(6:4 비율)와 가로형 모니터(16:9 비율)가 있을 때, 두 모니터의 화면을 비교해보면 가로형 모니터가 일반형 모니터보다 가로 길이가 더 긴 것을 알 수 있다. 가로형 모니터 비율로 카메라를 설정해서 방송영상을 만들었는데 이 방송영상을 보는 시청자가 일반형 모니터라면 위 그림에서처럼 파란색 빗살 면적만큼은 시청할 수가 없다는 얘기다.

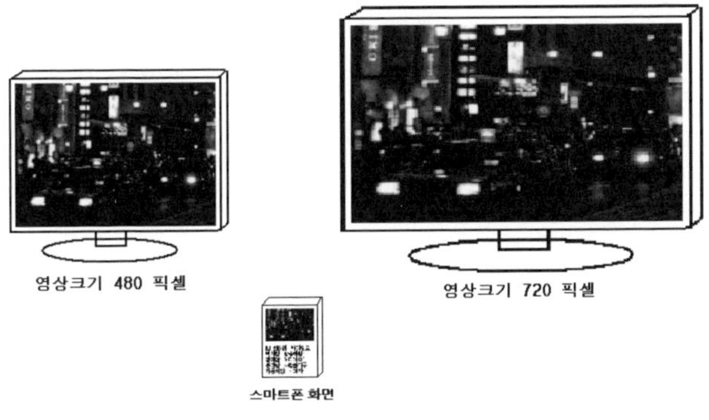

영상 크기도 해상도의 차이만 있을 뿐, 방송 자체에 영향을 주는 건 아니다. 영상 크기가 480인 경우와 720인 경우의 차이점은 영상이 다소 흐릿하게 보인다는 점이다. 해상도가 확대되면서 생기는 현상이다.

그러나 요즘엔 대부분의 시청자들이 스마트폰 화면으로 방송을 시청하기 때문에 일반형 모니터에 적합한 영상 크기로 설정해서 촬영하고 방송영상을 만들더라도 스마트폰 화면에서 볼 때는 전혀 문제가 없다. 오히려 더 선명하다고 느껴질 뿐이다.

아참! 그건 아니다. BJ가 방송하면서 모니터를 신경 써야 한다. 이게 무슨 소리냐 하면, 인터넷방송의 특성상 시청자들처럼 방송을 보는 모니터가 필요하고, 또 한 대의 모니터를 준비해서 옆에 두고 방송화면에 띄울 콘텐츠를 그때그때 올려야 한다. 예를 들면 채팅창을 방송화면에 띄울 때 다른 모니터에 띄운 채팅창 화면을 마우스로 드래그해서 방송화면 위에 나오게 할 수 있다는 얘기다.

TV방송국이나 라디오방송국에 가보면 방송진행자가 있고 PD들이 스튜디오 밖에서 시청자 게시판 사연을 읽어주거나 방송화면에 다른 영상을 띄워주는 등 바쁜 모습을 보게 되는데 이것과 같다. 인터넷방송 BJ는 모든 작업을 혼자 해야 해서 제작진의 일까지 같이 하기 때문이다.

책상 위에 모니터를 두 대 모두 올려둔다. 컴퓨터 본체는 책상 아래에 둬도 되고, 책상 위에 모니터 옆으로 안 보이게 세워둬도 된다. 그런데 우선 모니터 여러 대를 연동해서 사용할 수 있는 프로그램을 설치했는지 살펴보고 없으면 설치해줘야 한다. 모니터 두 대를 하나로 연결해서 마우스를 오가며 여러 창을 가져다 쓸 수 있게 해주는 프로그램이다.

'다중모니터프로그램'

인터넷에서 찾을 수 있다. 컴퓨터 한 대에 모니터를 여러 대 설치해서 사용할 수 있게 해주는 장치랑 프로그램을 같이 구할 수 있다. 필자의 경우엔 인터넷방송을 하면서 모니터 4대를 설치해 놓고 써 본 경험이 있는데 방송화면 창, 음악선곡 사이트 창, 방송대본 창, 방송용 채팅 검색창 등을 띄우기 위해서였다. 하지만 방송에 숙달되면서 4대 모니터가 불편했고 오히려 모니터 2대 혹은 1대만으로도 충분하게 되었으므로 '모니터 더 살 돈 없는데?' 걱정하진 말자.

'알았어요! 그런데 모니터 2대는 책상 위에 올려둔다고 할 때
어떤 식으로 두나요?'

인터넷방송을 처음 시작하는 초보 BJ이거나 혹은 능숙한 BJ이더라도 방송 중간중간에 다양한 시청자 소통을 필요로 한다면 모니터 한 대 보다는 두 대로 방송하기를 추천한다. 이 경우엔 한 대는 방송 창으로 시청자 입장에서 내 모습을 보는 모니터로 사용하고, 다른 한 대는 방송을 위한 콘텐츠 만들기 창으로, 마치 방송제작진이 사용하는 모니터 용도로 쓰자.

방송 공간이 넓다면 모니터 두 대를 이렇게 써도 된다. 한 대는 방송 용도로 쓰고, 다른 한 대는 방송 소리가 들리지 않는 분리된 공간에 둬서 방송송출용 모니터로 쓰는 식이다. 가령, 여러분의 방이 스튜디오가 된다면 거실이나 다른 방에 모니터(본체랑 같이)를 두는 셈이다. 여러분의 방에서 방송을 하면 그 영상이 다른 방에 있는 컴퓨터로 전달되고, 그 컴퓨터에서 방송을 송출하는 시스템이다. 이렇게 하면 여러분이 방송을 하다가 끝맺음하고 인사를 해도 그 시점부터 1~2초 지나야만 시청자들은 당신이 방송 종료했다는 걸 보게 된다.

제대로 맞췄다. BJ가 방송을 끝내고 시청자들에게 인사를 한 후에 자리에서 일어서도 시청자들은 그 모습을 1~2초 지나서 보게 된다. BJ가 방송을 마치고 얼른 다른 컴퓨터 모니터에 오면 자기가 방송을 마치는 모습을 볼 수 있게 되는 식이다. 방송을 하다보면 녹화방송일 경우엔 처음 시작과 끝인사가 정확하게 맞아떨어지지만 생방송일 경우에는 끝나는 부분에서 여유 시간으로 최소한 몇 초의 여유를 두는 걸 알게 된다.

예를 들어, 음악방송일 경우에도 마찬가지다. 방송국에선 가수들이 인사 다하고 무대를 내려가도 TV시청자들은 여전히 음악방송을 보는 상태가 된다. 생방송으로 송출 중인 방송영상이 시청자들에게 보이기까지 필요한 시간이 있어서다.

이번에도 정답이다! 그걸 방송가에서는 '편집점'이라고 부른다. 시청자들은 방송영상을 본다고 말하지만 방송가에서는 '그림'을 띄 운다고 말한다. 브라운관이나 모니터가 도화지가 되고 방송 영상이 그 위에 그려지는 그림이란 소리다. '편집점'이란 그래서 '그림'이 시 청자에게 보이는 시간 동안 정해진 시간대를 맞추는 기준이 된다.

예를 들어, 방송을 마치고 끝인사를 한 BJ가 끝인사가 끝나자마자 다른 소리하고 웃고 떠드는 식으로 방송 외적 모습을 보기며 움직여 버리면 시청자들은 그 모습까지 다 보게 된다. 그래서 능숙한 BJ일수 록 끝인사를 하고나서도 최소한 몇 초간은 그대로 움직이지 않고 있 는다. 그래야만 시청자들이 방송의 끝나는 순간까지 안정된 영상을 보 게 된다. 끝인사를 하고 단 0.001초라도 안정된 영상을 본다는 얘기다.

아니다. 다른 말로 하자면 '잔상' 효과 때문이다. 생각해보자. BJ 앞에 카메라는 쉴 새 없이 영상을 찍어서 그걸 데이터신호로 바꾸고 바뀐 데이터정보를 인터넷망을 통해 시청자들에게 뿌리게 된다. 그걸 받아서 시청자들이 영상을 보게 되는 식이다. 카메라가 BJ처럼 인간이라면 끝인사만을 정확하게 잡아서 그 시점에서 멈춤을 할 텐데 기계이다 보니 BJ의 모든 모습을 계속 찍어두고 일단 찍은 다음에 데이터신호로 바꿔서 방송을 내보내게 된다는 의미다.

카메라 렌즈에 영상이 맺히는 시작과 끝이 어디에서 시작되고 어디에서 끝나는 게 아니라서다. 미리 찍어두고 나중에 내보낸다는 의미다. 방송를 마친 BJ가 끝인사 후에라도 잠시 그대로 멈춰 있어야만 되는 이유다. 그러면 카메라는 단 몇 초, 아니 0.001초라도 그 순간을 이용해서 안정적인 화면으로 끝맺음 할 수 있다.

"카메라를 좋은 거 쓰면 안 돼요? 카메라가 좋으면 시작점이나 끝나는 점이나 BJ가 원하는 대로 탁탁 끊어가면서 방송이 잘 될 것 같은데요?"

생각해보자. 아무리 좋은 카메라를 쓰더라도 BJ가 방송하며 움직이게 되면 '자동초점' 기능이 작동하면서 재 작동하게 된다. 시청자는 그 순간 뿌연 화면을 보게 된다. 물론 단 1초도 안 되는 시간이 될 수는 있지만 어쨌든 방송 화면이 매끄럽지 않은 게 된다. 그래서 방송 현장에서는 영상이랑 오디오를 모니터 화면에 띄우는 용도로 한 대, 제대로 완성된 영상을 모니터에서 확인하고 그걸 캡춰해서 방송 내보내는 용도로 한 대, 그렇게 두 대를 쓰는 이유다.

맞다. 인터넷방송 BJ들의 경우엔 콘텐츠 제작자로서 아이디어가 풍부하긴 하지만 방송기술적인 면에서는 매끄럽지 못한 부분이 있다. 물론 BJ들이 방송기술적인 면에서도 완벽해야 하는 건 아니다. 하지만 현실은 이렇다. 여기 두 명의 BJ가 있는데 한 명은 카메라나 방송 기술적인 면에서 능숙하고 다른 한 명은 초점이 새로 맞춰지는 경우도 생기고 오디오도 렉 걸리거나 화면에 노이즈도 생기는 것처럼 서투르지만 아이디어가 재밌다고 하자. 시청자들은 어느 방송을 볼까? 시청자 입장에선 아이디어가 넘치는 BJ 방송이 보고 싶다고 하지만 시간이 흐르면서 점점 방송기술이 능숙한 BJ가 잘한다고 생각할 게 분명하다.

카메라는 뭐가 좋아요?

이번엔 카메라에 대해 알아보자. 컴퓨터랑 모니터가 준비되었다면 그 다음엔 카메라가 중요하다. 이어폰이나 마이크는 그 다음 문제다. 물론 방송을 할 때는 마이크나 스피커 이어폰 등도 중요하지만 그래도 카메라만큼 더 중요한 건 없다. 방송 영상을 촬영해야 하는데 가장 필요한 게 카메라다.

"카메라는 DSLR을 살까요? 아니면 방송용 카메라가 필요한가요?"

NO! 인터넷방송용 카메라는 모니터에 부착할 수 있는 작은 외장형 카메라도 좋고, 노트북컴퓨터처럼 안에 장착된 내장형 카메라도 좋다. 어떤 카메라를 쓰더라도 방송하는 덴 전혀 지장이 없다. 그래도 좋은 카메라를 찾겠다면 그것도 말리진 않는다. 인터넷방송도 BJ들 사이에 경쟁이 이뤄지는 분야이다 보니 시청자들 입장에선 화질이 좋다거나, 화면 끊김이 없다거나, 노이즈나 지지직거림이 없는 화면을 보고 싶어 한다.

"카메라를 사려면 인터넷방송국 사이트에서 작동하는 제품으로 사야 하나요?"

아니다. 어떤 카메라를 사더라도 그건 해상도나 초점 등의 부가적인 기술의 문제일 뿐이다. 인터넷방송을 서비스하는 모든 사이트에서는 이미 시중에 나온 카메라 기종을 모두 시험하고 방송에 맞춰본 상태다. BJ를 하려는 당신이 어떤 카메라를 사든지 인터넷방송 하는 데 지장이 없게 하는 건 그들 몫이기 때문이다.

인터넷방송 서비스를 하는 기업들은 이미 카메라 영상처리 기술을 확인하고 그에 맞게 작동되도록 모든 서비스를 만들었다. 노트북컴퓨터이든지 아니면 스마트폰을 사용하더라도 가능하다. 스마트폰에서는 해당 사이트 어플을 다운로드 받아서 '방송하기' 기능을 누르면 시스템 자체에서 카메라를 검색하고 찾아서 그에 맞는 방송화면을 만들어 준다. 당신이 할 일은 오직 그 사이트 어플을 다운로드 받는 일 뿐이다.

노트북컴퓨터를 연결했을 때도 마찬가지다. 사이트에 접속해서 회원가입 등의 필요한 과정을 마치면 '방송하기' 기능을 눌러두고 가만히 지켜보기만 하면 된다. 사이트에선 당신이 '방송하기' 기능을 누르는 순간부터 당신 컴퓨터에 내장된 카메라를 찾아낼 것이고, 그 카메라에 맞는 해상도와 기능 지원을 프로그램상에서 준비한다.

ㄴ 카메라가 없어요! 어떻게 해요?

"네? 아. 그런데 어떤 BJ들을 보면 카메라에 얼굴 나오지도 않는데 게임화면 그대로 보여주면서 목소리만 들려주던데요? 왜 그 BJ들은

카메라가 없어도 마이크랑 이어폰만 있다면 인터넷방송이 가능
하다. 게임방송의 경우다.

웹캠 관련 프로그램들 중에 대부분의 경우 모니터 화면을 카메라
로 인식해주는 기능들이 있다. 그 중에 가장 많이 쓰이는 프로그램
이 '매니캠'인데 이걸 사용하면 카메라가 없어도 모니터 화면 자체
를 카메라 영상으로 인식하게 해줘서 방송이 가능하게 된다. 게임
켜고 매니캠 작동시킨 후에 인터넷방송 시작하면 게임 플레이 화면

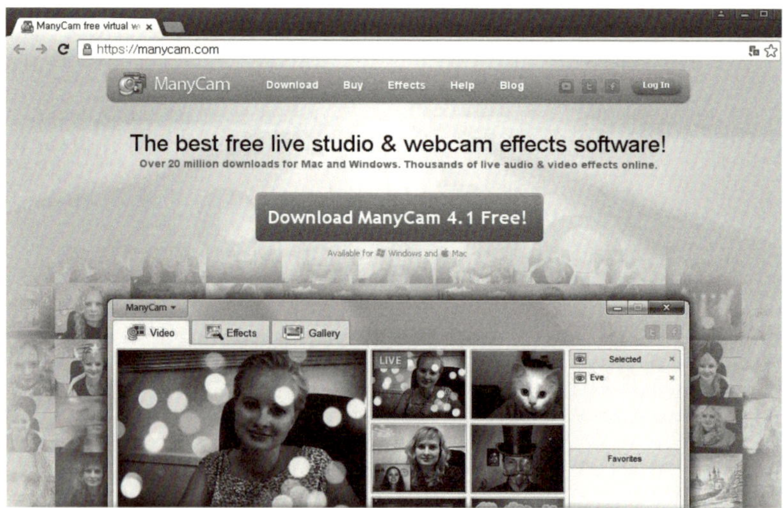

출처: http://manycam.ko.downloadastro.com

이 그대로 방송이 된다. 여기에 BJ가 게임 플레이를 하면서 시청자들과 이야기를 할 수 있다. 게임에 등장하는 음악이나 각종 사운드도 고스란히 방송으로 나가게 된다.

⌐ 카메라 각도가 중요하다는데요?

"저는 여자인데요, 셀카 찍을 때도 마찬가지인데요,
카메라 각도가 중요하거든요? 인터넷방송을 할 때는 어떤 각도에서
찍어야 예쁘게 나올까요?"

"저는 남자인데요, 남자인 저도 잘 생기게 나오는 카메라 각도가
궁금해요."

카메라는 정말 글자 그대로 인터넷방송에서 BJ들에게 제일 중요하다. '조명'도 중요하지만 '카메라'의 중요성을 따라오지 못한다. 카메라가 있어야 조명도 사용하는 점이므로 카메라가 조명보다 더 중요한 게 당연하다. 바느질을 해야 하는데 바늘이 없다면 그게 가능하겠는가? BJ에게 카메라는 바느질에서 바늘과 같다.

그리고 카메라는 '셀카'를 찍어본 사람이면 알지만 '각도'가 제일 중요하다. 어느 방향에서 찍느냐에 따라 그 사람의 생김새가 확 달라져 보인다. 이걸 가리켜 '각도의 중요성'이라고 부른다. 아래에서

위로 찍는 건 금물이다. 앵글을 가득 채운 이상한 인물(?)이 나타날 수 있다. 위에서 아래로 찍는다고 해서 잘 나오는 것도 아니다. 얼굴에 들어가고 나온 데가 적절치 않다면 이것도 이상한 인물이 나온다. 당신 속에 이상한 인물을 구태여 세상 밖으로 꺼내지 말자.

카메라 촬영을 할 때는 메이크업, 의상스타일, 헤어스타일, 빛과 그림자, 조명, 주위 배경 소품, 배경 색상도 중요하고 여기에 맞춘 앵글이 제일 중요하다. 카메라 안에 담을 '인물'을 촬영할 때 주위 배경이나 메이크업, 스타일 등등의 모든 것들이 인물 중심으로 만들어져야 하기 때문이다. 그래서 인터넷방송을 할 때는 카메라 위치로 앵글을 맞추는 게 중요하다.

└ 카메라는 어디에 둘까?

방송하기 전에 카메라 테스트 시간이 절대적으로 중요하다. 당신의 얼굴을 비춰보며 어느 방향에서 촬영해야 모니터에, 스마트폰 화면에 잘 나오는지 확인해두자. 당신의 얼굴을 촬영할 수 있는 카메라 각도가 180도라고 가정할 때 0도에서 180도까지 1도씩 움직여보며 촬영하고 모니터에서 매번 확인하는 게 가장 좋겠지만 그럴 순 없으니 10도 간격으로라도 해보자.

"옆얼굴은 찍어서 뭐하게요? 모니터에 나오는 건 어차피 앞 얼굴 아니다. 당신은 모니터만 바라보며(그러니까 카메라만 정면으로 응시하며) 방송할 건가? 방송을 하다가 웃지도 않고, 진지한 표정으로 앞만 응시하며 찍을 게 아니라면 당신의 모든 모습에 대해 미리 찍어두고 확인하는 게 좋다.

그리고 사람의 얼굴은 10° 간격으로 달라질 수 있다. 우측 귀와 정면 방향에서 찍기 시작하면서 왼쪽 귀까지 찍다 보면 조금씩 다른 이미지가 나온다. 내가 연예인들과 화보촬영을 할 때도 느끼는 건데 사람의 얼굴은 상관과 하관(코를 기준으로 위쪽과 아래쪽)이 다르고, 좌우 대칭인지 비대칭인지에 따라 어느 쪽에서 촬영하느냐에 이미지가 달라진다.

일찍이 스타산업이 발달한 헐리웃에서는 연예인들마다 매니지먼트해주는 얼굴 부분 매니저가 따로 있을 정도다. 어떤 사람은 코, 어떤 사람은 눈, 어떤 사람은 입술 등으로 나눌 수 있다. 이들이 세일즈하는 얼굴 부분은 각종 화장품이나 제품의 광고에 적용되는데 해당 연예인 스타에 있어서 가장 적합한 이미지를 살려주는 사진만 골라서 쓰게 된다. 예를 들어, 복스러운 코가 필요하면 A 연예인의 코, 날카로운 코가 필요하면 B 연예인의 코와 같은 식이다. 사람의 얼굴이 10° 마다 이미지가 달라지지 않는다면 도저히 이뤄질 수 없는 비즈니

스다. 당신의 얼굴이 평면이 아니라 입체적이기 때문인 이유도 있다.

그래도 잘 모르겠다면 우선 카메라의 위치를 모니터 위에 코 높이에 놓아 보자. 카메라를 친구라고 생각하고 렌즈를 바라보며 이야기하라는 의미다.

스타일 화보 촬영이나 방송에 익숙한 사람들은 모델들이나 연예인들에게 이런 말을 해준다. 신인모델이나 카메라를 접한 경험이 별로 없는 사람들은 아무래도 촬영을 할 때 긴장하기 마련인데 그러면 결과물도 별로일 때가 많아서다. 잔뜩 긴장한 표정으로 프로필 사진이 나오고 화보 사진이 나온다면 그걸 보고 누가 옷을 사고 제품을 살까? 사진 속에서 모델이 중요한 이유는 단순히 한 장 찍는다는 게 아니라 그 안에 감정을 담고 누가 보더라도 같은 느낌을 갖도록 해야 하기 때문이다. 그런 결정적 한 장면을 뽑아내기 위해 밤 새워 촬영하는 경우도 많고 이 옷 저 옷 입어보며 다양한 이미지를 연출하는 게 필요하다.

카메라를 BJ 얼굴의 코 높이에 두라는 얘기다. 물론 앉았을 때의 경우다. 인터넷방송은 주로 시청자와 1:1로 대화하듯 방송하는 점 때문에 BJ들은 특별한 경우가 아니고선 자리에서 일어나는 일이 별로 없다. 춤을 추기 위해서? 야외방송에서 인터뷰도 하고, 뛰고, 그런 모습 보이기 위해서? 이벤트성 방송에서나 볼 수 있는 장면이고 다수의 인터넷방송에선 볼 수 없는 장면들이다.

⌐ 카메라를 보는 BJ의 시선처리는 어떻게 해요?

당신이 친구랑 대화할 때 시선을 어디에 두는지 생각해보자. 친구의 코에? 입술에? 눈에? 뺨에? 머리정수리에? 대부분 상대방의 눈을 마주 보며 이야기를 하게 된다. 그래서 카메라 렌즈도 친구의 눈이라고 생각하고 보면 된다. 시청자들은 마치 자기 눈을 보고 BJ가 얘기하는 것처럼 느끼게 된다.

그리고 모니터 위에 카메라는 둘 때는 모니터 부착형 카메라도 좋고 아니면 카메라용 받침대를 모니터 뒤에 두고 얹어놓아도 된다. 카메라 위치가 친구의 눈높이가 되는 식이다. 친구랑 커피점에 마주 보고 앉아서 나누는 대화이기도 하다.

> "카메라 렌즈 보며 대화하는 건데 옆얼굴을 찍어보라는 건
> 이해가 잘 안 돼요."

카메라를 보며 대화한다고 해도 이따금 고개를 돌리게 된다. 키보

드를 치거나 모니터 속에 다른 창을 띄울 때, 립글로스를 바를 때 찾는다거나 머리를 빗을 때 고개를 숙이게 될 수도 있다. 방송하다가 거울을 보게 되면 어떨까? 물론 대부분의 BJ들은 방송하다가 거울을 보지 않는다.

제작진이 따로 있는 경우엔 모니터에 비춰지는 진행자의 상태를 미리 점검해주지만 아무래도 혼자 방송하는 1인 방송이다 보니 자기 혼자 해결해야하는데, 그때마다 거울을 보고 할 수는 없는 노릇이다. 그래서 BJ들이 자기 상태를 점검할 때는 모니터를 본다. BJ에겐 모니터가 거울이 된다.

모니터를 보면서 옷매무새도 바로하고 메이크업도 고치고 머리도 빗는다. 어떻게 될까? 시청자들은 모니터를 통해서 BJ들의 일거수일투족을 다 본다. 머리를 빗을 땐 빗이나 머리 상태를 다 본다. BJ들의 정면 얼굴만 보는 게 아니란 소리다. 당신의 얼굴을 10°마다 체크해서 찍어보고 모니터에 비춰지는 상태를 확인해서 카메라 앵글에 맞춰야 한다.

맞다. 그래서 여캠방(예쁜 여자 BJ들이 시청자들과의 대화 중심으로 진행하는 방송)에 어떤 BJ는 자리에서 잘 일어나지도 않는다. 어떤 BJ는 자신의 옆얼굴만 보여주기도 한다. 카메라에 비춰지는 이미지가 자기가 보기에 마음에 안 들어서다. 물론 간혹 자리에서 일어나서 춤을 추거나 애교를 보여주는 방송도 있는데 그 경우에도 자세히 보면 그 BJ가 움직이는 방향이 일정하다는 걸 알 수 있다. 활발하게 활동하는 BJ들을 보면 방송하기 전에 이미 수차례 카메라 테스트를 하고 어떻게 움직여야 예쁘게 보이는지 알아둔 상태인 걸 알 수 있다.

↳ 카메라가 BJ 뿐만 아니고 주위에 모든 걸 다 찍고 있어요! 어떻게 해요?

인터넷방송뿐만 아니라 모든 방송은 진행자나 BJ, 출연자만 촬영하는 게 아니다. 화면상에 보이는 모든 걸 그대로 촬영해서 완성하는 그림(방송영상)이다. 그걸 시청자들이 시청하는 게 '방송이란 상품이 소비되는 과정'이 된다. 그래서 카메라에 들어온 모든 장면이 하나의 상품이 된다. 방송관계자들이 방송영상을 '그림'이라고 부르는 이유도 사실 알고 보면 방송이 '상품'이란 걸 그들 스스로 항시 염두에 두려는 의도에서다.

카메라 안에서는 BJ의 얼굴뿐만 아니라 손동작 하나, 일어서기, 앉기, 먹기, 말하기, 말 내용 등 모든 게 다 방송 콘텐츠가 된다. BJ가 말하는 이야기만 콘텐츠가 아니라 카메라 안에 보이는 모든 게 콘텐츠가 된다는 얘기다. 예를 들어서 BJ가 입는 옷도 그 자체가 상품이 되고 방송의 일부인 콘텐츠도 된다.

밤에 방송을 주로 하는 여자 BJ들에겐 시청자들 중에서 농담을 거는 경우도 많다. 여자 BJ가 키우는 강아지가 화면에 이따금 등장하면 다음에 시청할 때는 강아지를 보여 달라는 식의 요구도 한다. 시청자들에겐 모니터에 비춰지는 화면 그 자체가 하나의 '상품으로서의 방송'으로 생각되기 때문이다.

그리고 BJ와 시청자 사이에 소통이 인터넷방송의 주요 특징이다 보니 BJ의 멘트나 방송이 재미없다고 여겨질 땐 시청자들 중에서 장난(?)을 치는 경우도 있다. BJ가 자기 방에서 혹은 거실에서 혼자 방송한다는 걸 알고 '놀래키려는 장난'이다. 이런 장난은 초보 시청자들 중에서 나오는데 그 이유가 BJ를 보면서 자기만 BJ를 보고 있다고 생각하지, BJ도 자기가 나오는 화면을 보고 있다고 생각하지 못해서다. 인터넷방송에선 그래서 모니터에 비춰지는 그 자체가 시청자들에게 절대적인 친밀감 그 이상의 효과를 발휘하기도 한다는 걸 알 수 있다.

카메라가 BJ를 가장 예쁘게 촬영해주는 각도를 찾았다면 그 자리에 카메라를 고정시킨다. 그리고 해야 할 일은 모니터 속에 비춰지는 화면정리를 할 순서다. 이런 식이다. 카메라에 앉는다. 그리고 모니터를 본다. 그 모습이 시청자들에게 비춰지는 BJ의 방송화면이다.

모두 마음에 드는가? 그 화면 어딘가 어색하거나 내 마음에 안 드는 소품이 보이는가? 화면에서 뺄 건 빼고 넣을 건 넣는 단계다. 게임방송은 게임 화면이 위주가 되지만 BJ가 등장하는 방송은 BJ주위에 모든 게 다 드러난다. 시청자들이 빠짐없이 살펴보는 장면들이 된다. '설마 저걸 보겠어?' 착각하면 안 된다. 시청자들은 BJ가 무슨 안경을 썼는지, 어제랑 오늘 머리카락 길이가 왜 다른지, 책상 아래엔 바지를 입었는지 치마를 입었는지조차 궁금하게 여긴다.

'에이, 귀찮아. 볼 테면 보라고 하지, 뭐. 사람 사는 게 다 똑같지, 뭐. 그냥 내 방에서 사는 데로 보여줘야지.'

이렇게 생각한다면 당신은 방송할 자격이 조금 부족하다. 시청자 입장에서 생각해보자. 당신이어도 좋다. 당신이 좋아하고 빠트리지 않으며 자주 보는 방송프로그램이 뭐가 있는지 꼽아보자. 그리고 그 프로그램을 좋아하는 이유를 생각해보면서 하나씩 적어보자. 당신이 좋아하는 연예인을 떠올려도 된다. 그 연예인을 좋아하는 이유를 하나씩 적어보자.

뭐라고 적었는가? 그 내용을 안 봐도 나는 당신이 어떤 프로그램은 좋아하긴 하지만 빠트리지 않고 보는 건 아니라는, 예능 프로그램하고 그 프로그램하고 방송시간대가 겹쳐지면 당신이 예능을 선택할 것이란 점을 안다. 그 어떤 프로그램을 알 수 있다.

당신의 목록 속엔 분명히 '이웃들의 삶을 보여주는 다큐멘터리' 프로그램은 없을 게 분명하다. 있다고 하더라도 순위목록상 아래쪽에 있을 게 분명하다. 당신이 그렇게 한 이유는 다큐멘터리가 나빠서가 아니다. '좋은 프로그램 순위'를 꼽아보라고 했다면 당신은 여지없이 다큐멘터리를 1등이나 상위권으로 놓았을 수도 있다. 그저 당신이 좋아하고 빠트리지 않고 챙겨보는 프로그램 순서를 정하다 보니 결과가 그렇게 되었을 뿐이다.

그럼 다시 생각해보자. 당신의 인터넷방송 콘텐츠가 모든 면에서 '예능'이 되어야 할까? 아니면 다큐멘터리가 되어야 할까? 다큐멘터리는 있는 그대로 당신이 살아가는 모습을 보여주는 것이고 '예능'은 적절하게 가공된 모습을 말한다. 당신이 방송화면을 정리하면서 부족한 건 채우고 바꿔야할 건 바꿔야 하는 이유가 된다. 시청자들에게 보일 화면은 당신이 선택하는 게 아니라 시청자들이 좋아할 화면이어야 한다.

카메라 각도를 정한 후에는 그 다음엔 방송할 때처럼 카메라 앞에 앉아서 모니터로 비춰지는 화면을 체크해야 한다. 모니터에 비춰지는 BJ의 오른쪽은 시청자의 왼쪽이란 점을 기억하고, 오른쪽에서 왼쪽으로 화면을 보자. 당신이 방송할 때 입을 옷을 생각하고, 메이크업을 생각하고 헤어스타일을 생각하고 당신 뒤에 두고 싶은 소품을 정해보자.

나무를 놓을지, 화분을 놓을지 아니면 인형을 두는 게 나을지, 또는 액자나 그림을 걸어두는 게 나을지 꼼꼼히 따져가며 화면을 본다. 절대로 섣불리 정하면 안 된다. 당신이 첫 방송을 할 때 단 한 명이라도 시청자가 들어올 텐데 그 순간부터 화면에 비춰지는 모든 게 당신의 이미지로 남기 때문이다.

한 가지 조언하자면 카메라 안에는 모든 걸 미리 정해둔 다음에 방송할 때마다 당신은 당신 자리에 쏙 들어가서 방송하는 화면을 정해두는 게 좋다. 배경은 자주 바꾸지 말고 한 번 정했으면 최소한 3개월은 같은 배경으로 방송해야 한다. 그래야 당신의 이미지가 정해진다. 그리고 나서 시청자들이 당신의 방송 화면 배경에 익숙해질 즈음에 3개월 정도가 지나면 그때 가서 배경을 조금씩 바꿔줘도 된다. 그 이유는 이렇게 붙이면서.

그리고 방송을 할 때는 과도한 제스츄어는 삼가는 게 좋다. 엽기 방송이거나 먹방을 하더라도 과도한 몸 움직임은 시청자 눈을 어지럽게 만든다. 나는 그런 상황을 '눈 시끄럽다'고 표현하는데 모니터 화면에서 몸을 이리저리 움직이게 되면 가뜩이나 작은 화면에 볼 게 더 적다는 이미지를 준다.

시청자의 눈과 귀를 BJ에게 집중시키는 방법이기도 하다. 키보드는 카메라 안에 안 들어오도록 시청자들에게 안 보이게 앵글 밖으로 두고, 자판을 입력할 때도 소리를 내지 말고 입력하는 게 좋다. 시청자들은 귀와 눈을 BJ에게만 집중할 수 있게 된다.

02 조명이 제일 중요해!
ㄴ **스트로보와 조도의 비밀**
ㄴ **메이크업의 신세계 '포샵 메이크업'**

지금부터 알아둬야 할 내용은 다름 아닌 '조명'에 대한 노하우다. 앞서 카메라에 대해 배웠다면 이젠 더 중요한 조명이다. 그 중요성에 대해 이야기를 더 보태자면 카메라랑 뗄 수 없는 게 조명이고, 조명이랑 '한 몸'인 게 카메라라는 의미로도 설명 가능하겠다. 바늘과 실의 관계다. 얼마나 중요한지 그 중요성을 아무리 강조해도 지나침이 없을 정도다. 이제부터 조명에 대해 꼭 알아두고 기억하자.

우선 여기서 '조명'에 대해 강조하는 이유는 'BJ=화면'이기 때문이다. 화면은 다른 말로 '콘텐츠'로 이해할 수 있는데 콘텐츠는 BJ가 만드는 것이기에 결국엔 'BJ=콘텐츠'가 되는 것이고, 인터넷방송의 가치를 매기자면 콘텐츠의 품질이라고 말할 수 있는데 그 품질을 결정하는 게 카메라와 조명의 힘이 강력해서다. 방송의 가치를 이야기할 때 돌고 돌아서 다시 BJ가 중요하다는 얘기로 되는 것이지만 BJ가 예쁘게 보이고 잘 생기게 보여야 중요하다는 점에서 '조명'이 중요하다는 얘기를 하는 중이다.

말이 좀 어렵다면 이렇게 이해하자. 'BJ=콘텐츠=인터넷방송의 가치=카메라+조명'이다. BJ 없이 인터넷방송이 불가능하고, 카메라와 조명 없이 BJ가 없기 때문이다. BJ가 카메라와 조명을 만나서 콘텐츠를 만드는데 그래야만 '인터넷방송의 가치'가 생긴다는 순서라면 이해하기 쉽겠다.

자, 그럼 지금부터 '조명'의 중요성에 대해 알아보기로 하자. 우선 당신이 인터넷방송을 하는 장소를 정해두자. 5평 정도의 작은 방이라고 하자. 개인이 쓰는 방이다. 중고등학생 정도의 학생들이 공부하고 잠자는 방 정도의 크기면 되겠다. 방 안에 침대 한 개, 컴퓨터 책상 한 개, 옷장 한 개 정도면 꽉 차는 공간으로 생각하자. 이 정도의 공간에서 인터넷방송을 한다면 단연코 '책상 앞'이 된다. 도서관에 갖고 다니라고 사주신 카메라 달린 노트북도 있고 집에서 공부할 때 쓰라고 데스크탑 컴퓨터도 올려 있으니 스피커랑 이어폰은 기본이고 부모님이 공부하라고 책상 위에 달아주신 스탠드형 전등은 조명으로 써도 될법하다. 노트북 컴퓨터랑 데스크탑을 연결해서 듀얼모니터로 사용하면 방송도 하고 시청자 입장에서 화면도 모니터링 할 수 있을 법 하다. 혹시나 해서 컴퓨터를 키고 인터넷방송 사이트에 들어가서 '방송하기'를 눌러봐도 스르륵 잘 돌아간다는 걸 알 수 있다. 어엿한 스튜디오가, 나만의 인터넷방송국이 생기는 순간이다.

자, 과연 그럴까? 아니다. 방송을 켜본 당신은 내 이야기를 단박에 이해하게 된다. 방송 콘셉트가 없고, 작은 방이라서 화면 배경도 정리가 안 되었고, 카메라에 당신의 뒤로 침대(?)가 보이고, 지저분한 옷장에 아무리 닦아도 지저분하게 보이는 방바닥만 보이는 건 둘째 이유다. 기본적으로 갖춰질 건 갖춰졌지만 제일 중요한 게 빠졌다.

그게 바로 '조명'이다.

"자, 그럼 오늘 방송을. 아니, 잠깐만. 얘들아. 나 잠깐만. 미안. 오늘 나 왜 이러지? 안 예뻐보이는데? 메이크업이 잘못인가?

어제와 똑같은 오늘 방송?

콘텐츠는 달라야하지만 BJ는 어제보다 더 예쁘지 않다면 최소한 어제처럼 예뻐야 한다. 실제 외모가 잘생기고 예쁘고를 말하는 게 아니다. 방송 화면에 보이는 BJ의 외모와 스타일이 단 하룻만에 달라지면 안 된다는 얘기다. 어제보다 더 예뻐질 자신이 없다면? 피부관리도 좀 받고 경락맛사지도 좀 받고, 정기적으로 스킨케어도 하면서 레이저시술이나 박피시술을 하면서 관리할 시간도 없고 돈도 없다면 최소한 '조명'에만 이라도 신경 쓰기를 제안한다.

인터넷방송에서 '조명'은 BJ의 생명이다. 이제부터 그 조명을 어디에 어떻게 설치해야 하는지 노하우를 공개한다. 마음가짐 단단히 하고 수첩 열고 받아 적으면서라도 기억하자. 조명은 뭐라고? 그렇다. BJ의 생명이다!

조명의 방향은 BJ의 영양제다?

조명은 위에서 아래로 향하는 것보다 아래에서 위로 올리는 게 좋다. 방송하는 장소가 좁으면 모서리 공간을 최대한 활용하면 좋다. 한쪽 벽을 바라보게 해서 컴퓨터를 올린 곳(책상)을 중심으로 좌우 양 방

향에 모서리에 스트로보(조명)을 둔다. BJ의 얼굴 쪽으로 향하게 스트로보를 아래에서 위로 향하게 놓고 스트로보 앞에는 하얀 종이(이거 없으면 하얀 얇은 천이라도)를 덧대어 둔다.

BJ를 비추는 조명이 직광이 아니라 분산광이게 해주는 효과다. 직광으로 비추면 눈부시고 땀나고 방송 오래하기 힘들다. 분산광(전구에서 나오는 빛을 일정 방향으로 직접 비추는 게 아닌, 빛을 한번 흩어트려서 비추는 효과, 필자 주)이면 은은한 자연빛 느낌에 눈에 피로감도 덜고 오래 할 수 있다. 뭐를? 방송을 말이다.

조명의 힘을 아는 BJ들은 그래서 모니터 뒤에 동그랗게 생긴 반사판을 두기도 한다. 그리고 반사판 앞에는 조명이 있는데, 이 모습을 다시 설명하자면, 모니터 뒤에 조명을 반대쪽(벽 쪽)으로 비추게 놓고 그 앞에 반사판을 둬서 조명의 빛이 반사판에 반사되어 BJ의 얼굴 쪽으로 향하게 해두라는 노하우다. 스트로보 앞에 흰색 종이나 천을 대는 것처럼 조명 앞에 반사판을 두고 빛을 한번 꺾이게 해서 BJ를 비추는 아이디어다.

컴퓨터를 놓은 곳(책상)이 벽면이 아니라 모서리라면 조명을 놓는 위치가 조금 달라진다. 이 경우 조명은 모서리 쪽으로 향하게 하고 BJ는 조명 옆에서 옆얼굴로 조명을 받는다. 그리고 모서리 쪽으로 향한 조명은 그곳에 반사판을 둬서 빛이 다시 BJ에게 향하게 만든다. 이렇게 해야만 컴퓨터가 모서리에 있어도 BJ의 얼굴은 양쪽에서 조명을 받아서 밝고 예쁘게 나온다.

모서리라고 해서 '시청자들도 있는 그대로를 봐야 해!'라고 생각하진 말자. 시청자들에겐 어떻게? 맞다. BJ가 보여주고 싶은 있는 그대로를 보여주는 게 아니라 시청자들이 보고 싶어하는 걸 보여야 한다. 방송은 뭐니까? 맞다. 상품이라서다. 상품을 파는 사람이 예쁘게 잘 진열해놓고 팔아야지 아무렇게 놓고 팔아선 그게 잘 팔리지 않는다. 다시 항상 기억해두자 방송은? '상품'이다. 방송가 사람들은 화면을 부를 때 뭐라고? 맞다. '그림'이라고 부른다. 그럼 '그림 같다'라는 말은 어떤 느낌? 맞다. '그림처럼 예쁘다'는 의미로 통한다. 시청자들에게 보여야 하는 건 있는 그대로의 '날 것'이 아니라 '가공되어도 좋은 꾸밈'이다.

모서리 구석에 컴퓨터를 놓고 방송하려는데 카메라에 벽면이 나온다면? 그 벽을 그냥 두지 말고 커튼이라도 달아두자.

그래서 하는 말이다. 커튼이 없다면 최소한 창문 그림이라도 그려 넣어두자. 시청자들은 맨 벽을 보고 싶어 하는 게 아니다. 누가 보더라도 그 자리엔 그냥 '벽'인데 거기에 창문 그림이라도 그려 넣었든가 아니면 커튼을 달아뒀다면 어떻게 생각하겠는가?

당신의 집에 놀러온 손님에게도 가장 맛있고 좋은 걸 대접하는 게 예의인데 당신의 방송국에 온 손님에게 '편한 게 좋은 거'라고 있는 그대로의 모습을 보여주는 건 실례다. 시청자들은 맨 벽에 창문그림이라도 있는 걸 보면 최소한 그 BJ가 시청자들을 배려하는 모습으로 느끼면서 감동하게 된다.

"BJ님 저 벽에 커튼 열면 뭐가 나와요?"
"BJ님 커튼 뒤에 창문이죠? 거기 경치 보여주세요."

시청자들이 분명 이런 말을 할 순간이 온다. 이럴 때 가장 좋은 대처법은 안 열어주는 거다.

한사코 비밀로 간주하고 시청자들의 요구에 대응하다 보면 그 벽에 커튼이 당신의 장점으로 소문날 수도 있다. 인터넷방송을 보는데 어떤 BJ는 자기 방에 분명 커튼 뒤에 그냥 벽 같은데 안 열어주고 비밀이라고 한다고 시청자들끼리 웅성거리기 시작할 때가 온다.

그렇게 분위기가 무르익었다 싶으면 어느 순간 기념일을 정해서 '커튼 공개의 날'이라고 알려줄 수도 있다. 커튼 뒤에 벽이 나와도 되고, 숨겨둔 과일바구니가 나오면 더 좋고, 그럴듯한 창문그림이나 창밖 경치처럼 보이는 풍경 그림이 나와도 좋다. 시청자들은 커튼 뒤에서 어떤 것(?)이 나와도 즐거워하게 된다. 시청자들이 BJ를 설득해서 커튼을 열게 했다고 그걸 기뻐한다.

조명은 몇 개를 둬야 할까?

조명은 몇 개가 필요할까? 그건 방 넓이에 따라 다르다. 5평일 때와 10평일 때가 다르고 15평일 때가 다르다. 인터넷방송 시에 조명은 모니터 화면이 가장 예쁘게 나올 정도로 사용해야 하는데 그러려면 집안 구석구석 비춰야 하기 때문이다.

게임방송일 때는 조명이 필요없다. 모니터 화면에 게임 플레이 장면만 나올 텐데 조명은 있어도 사용 못한다. 조명으로 모니터 화면을 비출 것도 아니고 게임 속으로 들여보내서 게임 캐릭터들을 비춰줄 수도 없다. 게임방송은 열외하자.

그럼 엽기방송은?

엽기방송은 지금 당장 그걸 보는 시청자들이 많을지 모르지만 얼마 지나지 않아 곧 사라지는 운명을 맞이하리라 보인다. 생각해보자. 시청자들이 시키는 대로 요구르트를 먹고, 소주를 마시고 이런저런 상황에서 엽기적이고 가학적인 상황을 만드는 방송을 했다고 하자. 거기에 만족한 시청자들이 BJ에게 선물을 하고 웃고 떠들고 그렇게 방송을 마쳤다고 하자.

엽기방송을 진행하는 BJ들은 대부분 20대 연령층의 BJ들이다. 친구들 사이에서 4차원적인 사람이란 소리를 듣는 경우도 있을 테고, 사람들과 어울릴 때는 조용한 성격이고 예의바른 사람이었다가도 혼자 방송을 할 때만 엽기적으로 변하는 사람일 수도 있다. 어쨌든 엽기방송을 진행하고 시청자들로부터 선물도 많이 받고 인기도 높아지고 거리에 나가면 아는 사람이 많을 수도 있다.

하지만 거기가 끝이다. 인터넷방송 사이트 운영자 측에서도 당분간은 그런 진행자들을 그냥 둘 테지만 인터넷방송 BJ들이 더 많이 생기고 사회적으로도 법이 제정되고 자정 분위기가 생기면 그 즉시 방송정지를 내리게 될 진행자로 우선 선택하게 될 게 뻔하다.

인터넷방송을 주로 시청하는 시청자들이 남자청소년들이고 이들이 방송에서 욕을 주고받는 걸 즐긴다고 착각하는 BJ들이 많다. 그래서 어느 방송에선 BJ의 이야기가 방송 내내 욕으로 시작해서 욕으로 끝나는 경우도 많다. 시청자들과 욕을 하기도 하고 그걸 '욕배틀'이라고 부르며 자신의 방송 콘셉트로 잡은 사람들도 있다. 문제는 그들이 인터넷방송도 '방송'이란 걸 모르는데 있다.

게다가 '녹화'되는 방송이다. 지금 당장은 자신의 방송을 보는 시청자들이 호응하고 선물도 많이 해 준다고 해서 자기가 유명인사가 되었다고 여기면 안 된다. 시간은 흐르고 자신의 방송은 녹화가 된 상태로 인터넷에 여기저기 떠돌게 될 게 빤한데 나중 일을 걱정해야 한다. 자기도 결혼할 것이고 아이들이 태어나서 아빠, 엄마의 지난 방송을 듣고 찾아보게 되면 뭐라고 할 것인가?

"괜찮아요, 저 인터넷방송 BJ 안 하게 되면
다 삭제하고 기록 다 지울 거예요."

불가능하다. 시청자들의 기억까지 지울 수는 없다. 그리고 다른 이가 만들어 올린 영상이나 이미지들은 어떻게 할까? 인터넷방송은 시청자들이 들어와서 보고 나중에 방송이 끝나면 잊어버리는 게 아니다. 시청자 수천~수만 명이건 몇 백 명이건 간에 BJ는 그들을 전혀 모르는 상황에서 시청자들이 BJ를 안다는 데 문제가 있다. 어느 시청자가 언제 어디에 BJ의 방송 영상을 캡쳐해서 이미지를 보관할지 아무도 모른다는데 있다.

"그럼 어떻게 해요? 조명도 예쁘게 하고 예쁜 방송을 만들면
될까요? 인터넷에 보면 굴욕사진이라고 해서 연예인들 순간 장면
캡쳐한 거 인터넷에 떠돌아다니잖아요? 저는 그런 거 보면
다 잊어버리는데요? 친구들도 다 그래요."

잊은 척 하는 것이지 잊은 게 아니다. 친구들끼리 굴욕사진 볼 때 그런 말 한 적 기억나는 사람들이 있다.

기억은 잊히는 게 아니다. 저장된다. '조명' 이야기 하면서 BJ들이 인터넷방송 만들 때 엽기방송이나 혐오방송, 욕방송 등을 하지 말라고 강조하는 이유는 '조명의 중요성'을 말하기 위해서인 점도 있지만 무엇보다도 '당장의 시청자 수에 연연하지 말라는 뜻'이다. 인터넷방송은 단순히 '재미'있고 '돈벌이'가 된다고 해서 시작하는 게 아니라는 이야기다.

지금 당장의 시청자 수 1,000명이라고 좋아하는 것보다 1년 후에도 당신의 방송을 시청할 시청자들이 100명인 게 중요하다. 1,000명의 시청자들이 당신 방송을 보는 건 그들이 모두 당신을 좋아해서가 아니다. 당신 방송이 뭔가 호기심에 지나가는 사람들일 수도 있고 그들의 친구 이야기를 듣고 호기심에 가끔 들러보는 것일 수도 있다. 오히려 1년 뒤에도 당신 방송을 시청하는 100명이 당신의 팬일 가능성이 더 높다. 당신의 방송은 그 100명을 위해 계속 될 수 있다. 그들이야말로 당신의 방송 그 자체를 좋아해주는 사람들이어서다.

그래서도 조명이 중요하다. 조명은 스트로보 큰 거 2개, 작은 거 2개 정도를 준비한다. 방 평수에 따라 다르지만 일반적으로 모니터 화면에 예쁘게 나올 만한 조명을 만들어주는 게 많게는 4개 정도의 스트로보가 필요하다.

큰 거 두 개는 방에 양쪽 모서리에 두고 위를 향하게 해서 BJ의 얼굴 아랫부분 좌우 면을 비추게 하고, 작은 거 2개는 BJ가 앉은 높이보다 조금 높게 설치해서 BJ의 얼굴의 윗부분 좌우 면을 비춰준다. 이렇게 설치하면 위 아래에서 빛이 서로 섞이며 BJ의 얼굴에도 그림자가 사라진다. 한눈에 보기에도 턱선이 사라지고 눈가 아래 다크서클이나 코 아래, 귀 주위, 정수리 부분 등의 그림자가 사라진다. 모니터에 예쁘게 나오는 게 당연하다.

자, 그럼 다음엔 뭘 해야 할까?

BJ의 방이 중요하다. 스튜디오인 셈이다. 컴퓨터 앞에 앉은 BJ의 얼굴은 조명 덕분에 그림자도 사라지고 하얀 피부를 가진 미인 미남으로 만들어놨는데 카메라에 비춰지는 BJ의 뒷부분을 그냥 지나칠 수 없다. 조명을 더 설치해서 방 안에 이곳저곳을 모두 환하고 하얗게 만들어둘 필요는 없다. TV 스튜디오나 라디오 보이는 방송 등에서는 조명을 최대한 많이 사용해서 최대한 화면을 예쁘게 만들지만 인터넷방송 형편상 1인이 하는 방송인데 그 정도까진 할 필요가 없다. 다만 카메라에 비춰지는 화면 구석구석을 꼼꼼히 보며 예쁘게 만들려는 노력은 필요하다. 방송은 누구를 위한 거니까? 맞다. 시청자를 위해서다.

방송을 하는 방 안 배경은 조명에 맞춰 베이지톤 벽지를 사용하기를 추천하는데 문양이 많은 것보다는 심플한 디자인의 벽지가 좋다.

그렇다고 온통 하얀색이면 눈이 피로할 수도 있으므로 초록색 식물이나 조화를 갖다두어 전체적으로 산뜻한 느낌을 연출해주면 더 좋다. 이 경우 주로 밤늦게 시청하는 시청자들에게 심정적으로 편안해지는 느낌을 줄 수도 있다. 퇴근하고 귀가해서, 학교 마치고 귀가해서 잠자리에 들기 전에 편안히 쉬는 마음으로 시청하는 방송이 되는 이유다.

컴퓨터를 올려둔 책상의 컬러가 크게 중요하진 않다. 검정색이더라도, 나무색이더라도 상관없다. 카메라에 안 나오게 하는 게 더 좋다. 카메라에 비춰지는 화면 안에는 BJ와 예쁘게 또는 잘 정돈된 배경이면 충분하다. 키보드 소리가 들리는 것도 좋진 않다.

조명을 단순히 BJ를 예쁘고 잘 생기게 보이기 위해 설치하는 게 아니라고 아는 게 중요하다. 스튜디오가 되는 당신의 방송 장소에 시청자들을 초대할 때, 어떻게 맞이할 것인가 배려 차원에서 조명을 생각해야 한다. 칙칙하고 어두운 벽에 온갖 물건들도 어지럽게 지저분한 방에 시청자들을 초대할 것인가? 아니면 예쁘게 잘 정돈된 거실이나 당신의 방에 초대할 것인가, 그 선택의 차원이다.

조명의 강약 그리고 조명기구의 위치는 카메라로 비춰보며 당신이랑 어울리게 만든다. 이 경우 당신의 메이크업 상태, 입은 옷 스타일, 카메라 각도, 반사판, 컴퓨터랑 키보드 위치 등등이 중요한데 이 모든 걸 셋팅해놓고 조명은 최종적으로 모든 게 잘 어울리는지 확인하면서 설치한다.

조명 설정하기 어떻게 해요?

조명 설정은 컴퓨터 기능에서 '제어판'을 선택한 후에 '밝기 조절'로 설정할 수 있다. 조명까지 모두 셋팅이 되었다면 그 다음에 컴퓨터 제어판에서 '밝기'를 조절하는 방법이다. 조명을 쓸 때는 기본조명과 레일 조명 모두를 사용해도 좋다. 조명은 피부 상태까지 낱낱이 보여주는 HD화질보다 SD급 화질을 고르는 게 더 좋다. 카메라 설정은 '인포커싱'을 사용해서 배경을 흐릿하게 만들고 BJ 인물 중심으로 선명하게 만들어주는 효과로 설정하자.

그런데 조명에 있어서 요즘 BJ들은 유튜브의 힘(?)을 점점 더 알아가는 중인지 일반 모니터용 4:3 비율 화면 해상도를 쓰다가도 16:9 화면 해상도 버전을 쓰는 사람들이 많아졌다. 인터넷방송 영상을 모아서 유튜브에 올려두고 광고수익까지 짭짤하게 챙기는 용도로 사용된다.

조명을 살리는 메이크업

조명이 메이크업을 살려줄까? 메이크업이 조명을 살려줄까? 필자 생각엔 조명이 메이크업을 살려준다고 여긴다. 메이크업을 하는 이유가 조명 아래에서 화면에 예쁘게 나오기 위함이기 때문이다. 인터넷방송 외에도 여러 촬영을 하다 보면 특히 스튜디오 화보촬영일 경우엔 모델들이 메이크업을 하고 오는데 이에 맞춰 조명을 설치하고 촬영하기 때문이다.

조명이 살려주는 메이크업에서 포토샵 효과를 내주는 메이크업이 있다. 얼굴이 작아보이게 만들어주는 쉐이딩^{shading} 메이크업은 코와 턱에 바르는데 얼굴 정중앙 외에 가장자리 면을 그림자처럼 어둡게 처리해서 상대적으로 얼굴 정중앙 부분이 밝게 보이며 작아보이도록 만들어주는 메이크업 방법이다. 이 경우 조명은 메이크업을 고려해서 얼굴 가운데 부분을 강조하는 식으로 설치하게 된다.

피부 보정용 화장품을 바르면 잡티와 거친 피부라도 순식간에 매끄러운 미인의 피부가 된다. 일명 '반전립스틱'이란 게 있는데 이걸 바르면 BJ의 입술 온도에 맞춰 얼굴에 가장 잘 어울리는 입술 색깔로 만들어주기도 한다. 작은 눈을 크게 만들어주는 마스카라 정도는 이제 너무 흔한 아이템들이다.

이 외에도 물광효과를 내주는 에센스, 얼굴을 통통하고 어린 이미지로 만들어주는 파운데이션이 있고 민감한 피부에도 사용 가능한 탄산기포형 클렌져도 인기다. 이런 메이크업 제품이 인기인 점은 방송을 할 때 분명 어딘가에 BJ가 보기에도 마음에 안 드는 부분이 보이는데 그걸 보정해주기 때문이다. 일부 BJ들은 춤을 추거나 약간 노출 있는 옷을 입을 때를 위해 쇄골부분이나 복근에도 메이크업을 할 정도라고 하니 조명과 메이크업은 떼려야 뗄 수 없는 관계다.

다음은 마이크다. '꿀성대'를 만들어주는 보이스^{voice:음성} 조작형 제품은 아니어도 된다. 맑고 깨끗한 방송 음질을 위해 마이크 사용법에 대해 알아두자.

마이크는 '콘덴서 마이크'를 주로 사용한다. 두툼한 원통형으로 생긴 마이크다. 여기에 비해 '구스넥 마이크'도 있는데 그건 구스^{goose}라는 단어와 넥^{neck}이란 단어가 겹쳐진 단어다. 구스넥이란 그래서 '거위 목'처럼 생긴 마이크를 말한다. 가느다랗고 긴 형태의 마이크다.

그럼 콘덴서 마이크와 구스넥 마이크 중에 어떤 마이크가 방송하기에 좋을까? 라디오방송을 할 때는 콘덴서 마이크를 추천한다. BJ가 많이 움직이지도 않고 한 자리에 앉아서 시청자들과 대화하는 방송을 하므로 음질이 또렷하게 전달되면서도 고정형태로 사용하기에 편리한 콘덴서 마이크가 좋다. 반면에 초대손님도 나오고 몸을 조금

씩 움직이는 경우가 있다면 구스넥 마이크를 추천한다. BJ 앞에 마이크를 둬도 초대손님이 말할 때 구스넥 마이크 방향을 손님 쪽으로 바꿔주기만 해도 된다. 콘덴서 마이크라면 두 대를 사용하는 상황이지만 구스넥 마이크라면 한 대 갖고도 충분하다.

춤을 출 때도 좋고, 라디오방송으로 목소리만 내보낼 때도 좋다. 어떤 마이크를 써도 된다. 여기서 마이크에 대한 설명은 사용법 아이디어 면이니까 방송할 때 상황에 따른 대처법을 알려줄 뿐이다. 구스넥 마이크나 콘덴서 마이크나 성능이 워낙 좋아서 방송하는 방안에서 생기는 모든 소리를 그대로 잡아서 전달해줄 수 있다.

그런데 좋은 마이크들의 가격은 최소 몇 십만 원대 정도로 다소 고가인 점이 단점이다. 물론 방송 초기부터 고가의 마이크를 준비할 필요는 없다. 처음엔 저가 이어폰에 달린 마이크를 사용해도 된다. 콘덴서 마이크는 여러 회사에서 나오는데 이왕이면 USB형태 케이블을 사용하는 제품을 고르자. 컴퓨터 본체에 쉽게 접속해서 사용하기에도 편리하고 마이크에 전원코드를 연결할 필요도 없다.

그리고 마이크를 고를 때는 끝부분을 자유롭게 휠 수 있는, 높이를 조절할 수 있는 제품을 고른다. BJ 1인 방송에선 자기에게 맞는 마이크를 준비해도 되는데 혹시 초대손님이 오거나 2인 방송을 할 경우가 생길 때 다른 사람의 키에 마이크 높이를 맞출 수 있어서다.

그런데 문제는 마이크 선의 길이다. 제품에 따라 다르지만 마이크의 선 길이가 엄청 길어서 어떤 제품은 책상이을 휘휘 감아버릴 지경이다. 이런 건 안 좋다. 마이크는 컴퓨터 본체랑 BJ 사이에 책상 위에서 자유롭게 놓을 수만 있으면 된다.

마이크는 어디에 쓸까? 물론 인터넷방송 진행할 때 필요하다. 마이크를 사용해서 음성통화(채팅)가 가능하다. 스카이프 등의 프로그램을 설치했다면 외국에 있는 사람들과도 실시간 통화가 된다. 마이크 준비를 잘해야만 하는 이유가 많다. 음성채팅과 전화통화, 방송진행 등 여러 곳에 사용할 수 있다.

마이크를 설정할 때는 고감도 마이크의 경우 종이 부스럭거리는 소리까지 잡아낸다. 아주 작은 소리도 잡아서 방송진행할 때 방송으로 나가게 한다. 심지어 침 삼키는 소리도 들리고 손가락 또다닥 꺽는 소리, 머리 쓸어넘기는 소리도 잡아주는 마이크가 있다. 이럴 땐 '너무 좋은 마이크는 안 좋아!'라고 생각하지 말고, 마이크 설정에서 '볼륨을 최저'로 잡아주도록 하자. 그러면 마이크 바로 앞에서 BJ의 목소리만 잡아주게 해줄 수 있다. 이를 가리켜 지향성 마이크(마이크가 향한 방향에서 들리는 소리만 잡아주는)라고 한다.

맞다. 매우 좋은 질문이다. 야외에서 방송할 때는 '무선마이크'를 쓴다. 혹시 TV에서 연예인들 나오는 방송인데 얼굴 뺨 한 쪽에 붙은 작은 콩나물 같은 거 본 기억이 나는지? 뒤에 꼬리가 달려 출연자들 옷 속으로 들어가는 형태다. 이 꼬리를 따라가 보면 허리에 차거나 손에 든 마이크 본체에 연결된 걸 보게 된다. 무선마이크다.

"무선마이크 쓰면 먼 곳에서 방송해도 되나요?"

아니다. 무선마이크 본체에 달린 안테나가 있다. 이 안테나는 또 다른 안테나랑 신호를 주고받는 것인데 무선마이크 본체에 달린 안테나 외에 또 다른 안테나는 바로 카메라에 연결되어 있다. 카메라에 마이크 안테나를 장착하고, 카메라와 멀지 않은 곳에서 무선마이크를 출연진에게 나눠주어 방송하게 되는 방식이다. 그러면 출연자들이 말하는 대화나 현장에서 생기는 모든 소리들이 무선마이크에 잡히고, 무선마이크에 잡힌 소리를 카메라에 장착한 마이크안테나에 전달해서 영상이랑 섞이게 해준다.

영상과 현장 소리가 그대로 동시에 녹음되는데 카메라엔 또 하나의 장치 '와이파이' 기능이 있어서 카메라에서 만든 영상과 소리를 합친 상태 그대로 방송으로 내보낼 수 있게 해준다. TV방송국에선 현장 생방송을 할 때면 그 커다란 중계차를 내보내지 않는가? 복잡한 기술력이 총동원되고 고가의 장비가 갖춰진 그런 중계차를 구하기 힘든 인터넷방송 BJ 여건이더라도 '와이파이 기능 있는 카메라' 한 대만 있으면 현장 생방송이 가능한 세상이다.

요즘 뜨는 트렌드 ASMR이 뭔가요?

ASMR^{Autonomous Sensory Meridian Response}이란 의미 그대로 '심리안정 치료법'을 말한다. 불면증이나 우울증을 치료할 때 자주 쓰이는 치료법으로 촉각과 청각을 자극해서 뇌에 편안한 기분을 만들어주는데 효과가 있다. 이를테면 귀 파주는 소리, 빗방울 소리, 밥 짓는 냄새 등처럼 자신이 어릴 때 편안한 상태에서 듣던 소리들을 기억해내며 어른이 된 후에도 마치 그 상태로 돌아간 듯한 정서적 안정을 유도하는 방법으로 이해할 수 있다.

"근데 ASMR이 왜 인터넷방송 BJ랑 연결이 되요?"

ASMR이 주목을 받기 시작한 건 최근의 일만은 아니다. 적지 않은 기간 동안 이어져온 치료법이어서다. 그런데 인터넷방송에서 BJ들이 시청자들과 대화하며 ASMR 방식의 방송을 하면서부터 유명해지기 시작했다. 이른바 '귀르가즘'이라고 부를까? 청각만으로도 정서적 안정을 누릴 수 있다는 면에서 '귀를 통해 느끼는 오르가즘' 정도로 해석이 되겠다.

아니다. ASMR이란 청각과 촉각, 미각, 후각 등의 감각기관 자극을 통해 우울증이나 불면증 등을 치료하는 치료법을 말하는데, 인터넷 방송 BJ들 중에는 마이크(성능 좋은 콘덴서 마이크)에 얼굴을 가까이 대고 특정 시청자에게 속삭이듯 말해주면서 방송을 진행하곤 한다. 그럼 상대방 시청자는 마치 자기에게만 BJ가 속삭여주는 듯 느낌을 받게 된다. 일종의 시청자와 BJ가 나누는 대화 중 하나라고 보면 될 것 같다.

뭐, 전혀 불가능한 건 아니다. 그런데 요즘 많이 사용되는 마이크는 콘덴서 마이크이면서 3차원 마이크가 자주 보인다. 3차원 마이크란 게 지향성 기능을 가진 마이크가 아니고 3차원 공간 전체에서 소리를 잡아주는 마이크다. 이걸 사용할 때는 마이크의 위, 아래, 옆, 앞, 뒤 등에 얼굴을 가까이 대고 속삭이듯 말해주는데 이어폰이나 스피커로 들을 때 마치 여러 사람이, 여러 방향에서 이야기하는 효과를 내기도 한다. 이어폰 마이크를 사용하면 전혀 불가능한 건 아니지만 그래도 다른 마이크를 사용할 때보다는 감도가 뛰어나진 않다.

ASMR은 한마디로 말하자면 성능 좋은 마이크를 사용해서 평소에 듣기 어려운 소리나 예전에 듣고 잊었던 추억 속의 소리를 다시 들려주면서 상대방에게 심리적 안정을 주는 효과라고 말할 수 있다. 인터넷방송처럼 시청자들과 BJ가 1:1로 방송하는 형식에서는 유용한 대화방식이기도 하다.

참고로 ASMR로 잘 알려진 청각 자극 소리들로는 사탕 먹는 소리, 물 마시는 소리, 껌 씹는 소리, 타자기 소리, 설거지소리, 책 넘기는 소리, 뽀드득거리며 눈 밟는 소리, 아이가 엄마 품으로 파고드는 소리, 시계 초침 소리, 비 내리는 소리 등이 있다.

스피커 사용법이 궁금해요!

마이크와 같이 알아둬야 할 장치는 스피커다. 마이크에서 나오는 BJ의 말소리가 시청자들에게 잘 전달되는지 BJ가 확인할 수도 있고, 시청자들에게 BJ의 말소리를 잘 전달해주기 위해 BJ만의 약간의 노하우를 사용할 수도 있다. 스피커는 다 같은 스피커가 아니다. 나만의 스피커 사용법에 대해 알아둬야 할 점을 기억하자.

아니다. 스피커를 놓는 위치를 말한다. 지금 당신의 방송 환경을 체크해보자. 컴퓨터가 있고 이어폰과 마이크가 있다. 조명도 있다. 모니터 화면에도 당신이 잘 생기게, 예쁘게 나온다. 여기서 끝인가? 아니다. 스피커가 어디에 있는지 보자.

스피커는 모니터 앞에, BJ와 모니터 사이에 있어야 한다.

안 된다. 생각해보자. 스피커가 모니터랑 BJ 사이에 있어야 한다는 이야기는 시청자와 BJ가 직접 대화하는 느낌을 살려줄 수 있어서다. 방송 경로를 떠올려보자. BJ가 방송을 한다. 그 모습을 시청자가 본다. 그리고 시청자가 채팅창에 메시지를 올린다. 그 내용을 BJ가 본다. BJ가 읽어준다. BJ의 이야기를 시청자가 듣는다. 이 모든 과정이 BJ가 화면에 꽉 찬 모니터 안에서 이뤄진다. 당신이 시청자라면 어떤 느낌이 들겠는가?

잘 모르겠다면 다시 천천히 생각해보자. BJ의 마이크는 바로 앞에 있다. 또는 이어폰으로 BJ의 입술 근처에 있다. 소리가 또렷하고 잘 들린다. 이 소리는 시청자에게 그대로 전달된다. 시청자들은 자기 방 또는 자기 침대 위 또는 이동하면서 자기만의 스마트폰 화면 안에서 BJ의 모습을 본다. 게임방송도 마찬가지다. 시청자가 느끼기엔 자기 바로 앞에서 BJ가 게임에 열중하는 모습으로 느낀다. 그 자리엔 게임하는 BJ와 시청자 자기만 있다고 여긴다.

이때 시청자의 글을 BJ가 읽어주면 시청자 입장에선 그 소리가 모니터를 통해 BJ에게 곧바로 전달되는 거라고 여긴다. 모니터를 바라보는 BJ가 시청자의 글을 읽어준다는 게 대단히 중요하다는 얘기다. BJ는 화면을 보고 읽지만 그 소리는 모니터 반대편에 시청자가 BJ에게 말해주는 효과를 낸다. BJ랑 시청자가 문자메시지 주고받는 효과를 얻게 된다.

BJ가 방송하는 공간에서만 생각해보자. BJ가 시청자의 글을 읽어줄 때 그 소리는 이어폰 마이크로 들어가서 BJ 모니터 앞에 스피커로 나온다. 그 소리는 다시 BJ의 이어폰 마이크로 들어간다. BJ가 모니터 속의 시청자랑 대화하는 느낌이 생기는 순간이다. 이 소리는 다시 시청자의 스피커로 나온다. 이 과정이 BJ와 시청자가 모니터 화면만을 통해서 마치 같은 곳에서 대화하는 느낌을 만든다.

TV나 라디오와 다른 '인터넷방송 BJ'만의 장점이 드러나는 순간

시청자들이 BJ에게 선물을 하는 이유가 궁금해요!

여러 가지 이유 중에 하나만 우선 설명하자면 이렇다.

인터넷방송 시청자들은 대부분 청소년들 또는 20대, 30대 남자들이란 점에서 출발한다. 이들의 공통점은 게임문화가 익숙하다는 점인데 수많은 온라인 게임을 통해서 아이템을 얻고 다시 팔아서 수익을 얻는다는 점에 대해 이상하게 생각하지 않는다. 열심히 게임을 하는 만큼 캐릭터 레벨이 올라가고 아이템이 생기며 그 아이템을 누가 많이 갖고 있느냐는 그 캐릭터의 주인인 자기의 실력을 과시하는 거라고 여긴다.

인터넷 사용자 중에 여자들도 마찬가지다.

그녀들만의 캐릭터가 있고, 이걸 꾸미는데 옷도 사 입히고 헤어스타일도 바꿔주며 나날이 새로운 캐릭터로 치장을 하는데도 전혀 이상하게 생각하지 않는 그녀들만의 문화가 있다. 남자들이 게임 속 캐릭터들로 외계인과 싸워가며 얻는 아이템과 수익이 있다면 여자들은 용돈이나 선물받은 상품쿠폰 등으로 캐릭터를 꾸민다.

이런 상황이 인터넷방송으로 그대로 옮겨오면 어떤 일이 생길까?

남자들은 게임해서 번 아이템으로 BJ에게 선물을 줄 수 있다. 여자들은 자기 캐릭터 만들 듯이 팬이 된 BJ에게 선물을 하게 된다. 그들에겐 전혀 이상한 문화가 아니다. 물론 인터넷방송 BJ와 시청자들 사이는 게임의 경우에만 한정해서 비교할 수는 없다.

시청자들의 고민을 들어주고 문제를 해결할 시원한 답변을 해주는 게 좋기도 하고, 짜증나고 속상했던 하루 일과를 BJ들과 나누며 음악을 들으며 잊어버릴 수 있는 장점도 많다. 거실에서 가족들끼리 보는 TV가 아니고, 다른 사람과 공유할 필요도 없는 그들 각자만의 인터넷방송이기 때문이다. 1:1 관계가 BJ와 시청자 사이에 만들어지면서 마치 SNS를 하며 친구들과 대화하는 것처럼 친밀감을 갖게 되는 덕분이기도 하다.

이다. 그리고 여기에 추가하자면 BJ의 리액션도 중요하다. 대화만으로 끝나는 게 아니라 BJ의 리액션까지 볼 수 있다면 시청자 입장에선 최고의 자기 만족이 된다. BJ가 리액션을 할 때는 카메라를 보면서 시청자의 닉네임을 불러주는 이유다. 그 BJ의 방송을 보는 많은 시청자들이 있더라도 그 순간만큼은 그 시청자가 BJ를 독차지했다고 여기게 된다. 시청자들이 BJ에게 선물을 하는 이유다.

04 방송은 어디서 하지?

방송 장소가 중요하다. 시청자들이 보는 건 BJ인데 그냥 BJ만 보는 게 아니라 모니터 전체를 보기 때문이다. 시청자들 눈에는 모니터 안에 들어간 BJ가 영상 통화하는 친구일 수도 있고 인터넷강의 속 선생님일 수도 있다. 모니터에서 영상을 보는 게 익숙해진 사람들이 인터넷방송에 들어와서 시청자가 된다. 그리고 모니터에 비춰지는 영상 전체 속에서 BJ를 보면서 이미지를 연상하게 된다.

'인터넷방송인데, 뭐. 아무데서나 하지.
개인방송인데 이 정도면 될 거야.'

시사프로그램에서 인터뷰할 때는 항상 책장 앞에서 한다. 같은 이치다. 방송 장소가 중요하다. 여자 BJ들은 주로 자기 방에서 하는데

~ 다른 여자랑 차별화를 두기 위해 엄청 신경 쓴다. 화면 속에 비춰지는 게 자기 개성이라고 여긴다. 시사프로그램을 인터뷰할 때 책장 앞에서 하는 이유는 '알만큼 알고 인터뷰 한다'는 이미지를 만든다. 자기만의 스튜디오를 만들어서 한다면 '아, 이 사람은 방송하는 것처럼 하네?'란 이미지도 만든다. 방송에 비춰지는 모든 화면이 BJ의 이미지를 만든다.

방송장소에 대해 고민하지 않는다면 차라리 방송 하지 않는 게 낫다. BJ가 된다는 건 시청자들과 만나는 무대에 올라서는 것인데 자기만족 때문에 인터넷방송을 한다면 그건 시청자들에 대해 예의가 아니다. 방송이란 게 아무리 작아도, 1인이 방송을 하더라도 듣는 사람이 단 1명이라도 있을 때는 그 사람과 시간을 나누는 소중한 순간이 되어서다.

내 방에서 방송하기

청소년이고 중·고등학생이라면 '학생 신분'을 보여줄 수 있는 자기 방에서 방송하는 것도 좋다. BJ들도 자기 방송을 듣는 시청자 이야기를 하는 것처럼 시청자들도 BJ 이야기를 하는데 당신의 방송을 보는 시청자들이 당신에게 고민만 털어놓는 게 아니라 당신의 고민을 들어주기도 한다.

그리고 간혹 여자BJ들 중에는 자기 방 안에서 침대 바로 앞에 컴퓨터를 두고 방송하는 경우도 있는데 특별한 전략(?)이 있는 게 아니라면 그다지 추천하고픈 방법이 아니다. 시청자들 중에는 남자들이 많을 텐데 BJ 뒤로 보이는 침대를 보고 어떤 생각을 할까? '저 BJ는 저기서 자는구나'에서 그칠까? 어쨌든 추천하는 장소가 아니다. 집에서 방송하려면 컴퓨터랑 카메라를 잘 조절해서 위치는 벽이나 거실 한 쪽에 두고 해도 된다.

스튜디오에서 방송하기

스튜디오라고 해서 반드시 큰돈을 들여 하는 건 아니다. 아파트나 원룸 자기 방에 아주 작게 개인 스튜디오를 만들 수도 있다. 비용은 새로 사느냐, 중고를 가져오느냐에 따라 다른데 수백만 원 정도에서 1천만 원에 으르는 것도 있다. 반드시 외부에 스튜디오를 사용해야만 하는 게 아니다.

스튜디오에서 인터넷방송을 한다?

TV나 라디오 방송처럼 비슷한 느낌을 전달해줄 수 있다. 다른 BJ들과의 차별화도 생긴다. 방송하는 것처럼 제대로 한다는 이미지를 줄 수도 있다. 그렇다고 인터넷방송 처음부터 투자하기엔 너무 큰 금액이 될 수도 있으므로 계획성 있게 잘 생각하고 준비하는 게 좋겠다.

매주 초대손님과 함께 '빅터리 쇼'를 방송하던 위 스튜디오는 모 지인분의 지하실 공간에 만들었다. 인터넷방송을 진행하고 싶은 분들이 모여서 스튜디오를 직접 만들었는데, 목재를 사서 틀을 짜고 그 주위에 석고판을 세워 벽을 만들고, 다시 석고판을 덧대면서 그 사이에 스티로폼 등을 채워 넣었다. 그리고 방송을 하는 안쪽 벽에는 마감재 천을 덧대어 제법 그럴듯한 스튜디오를 만들었다. 총비용이 얼마 들지 않았지만 모든 걸 직접 하느라 여러 사람이 이틀 정도의 시간을 꼬박 투자했던 기억이 있다.

이때 사용하던 카메라도 비싸고 좋은 걸 쓴 게 아니라 스튜디오를 만들던 분 중에 회사에서 쓰던 CCTV 카메라를 갖고 와서 방송용 카메라로 사용했다. 컴퓨터는 당연히 또 다른 어느 분이 사용하던 컴퓨터였다. 모니터 한 대는 여유분으로 다른 분이 또 가져왔다.

방송장소에서 카메라 테스트하기

방송 장소가 생겼다면 그 다음엔 카메라 테스트 작업이 필수적이다.
DSLR 또는 방송용 카메라, 캠코더 모두 테스트가 가능한데 저가형 웹캠으로도 인터넷방송이 가능하다. 우선 모니터에 방송 창을 띄워놓고 웹캠을 설치한다. 그러면 사이트에서 웹캠을 찾아서 영상을 모니터에 띄워주게 되는데 방송 장소의 모든 곳을 비춰보고 모니터에 어떻게 비춰지는지 확인하자. 웹캠의 크기가 작고 선명도가 다른 카메라에 비해 훌륭한 건 아니지만 위치에 따라서, 각도에 따라서 제법 괜찮은 영상을 만들어 낼 수도 있다.

거리에서 생방하기

인터넷방송의 또 다른 재미 '거리 야외 방송'이 좋다. 이때 사용하기 편리하도록 모 인터넷방송 사이트와 연동되어 와이파이를 장착한 카메라도 출시된 제품이 있다. 자신의 아이디로 로그인만 하면 카메라 영상이 그대로 방송으로 나가는 방식이다.

예를 들어, 인터넷방송용으로 좋은 카메라 사양을 설명하자면 관련 제품 중에는 삼성의 캠코더 HMX-S15, S16 시리즈 제품 등이 있는데 화질은 100~1,000K까지 선택할 수 있고 카메라 용량은 32G 정도 된다. 2010년형 모델이고 15배 광학 줌을 지녔다. 레코딩 포맷은 1920×1080 또는 1280×720으로 h.264 방식의 mpeg4 형태다.
해상도는 HD 화질로 1920x1080 사이즈 또는 SD화질로 640×480
을 선택 가능하다.

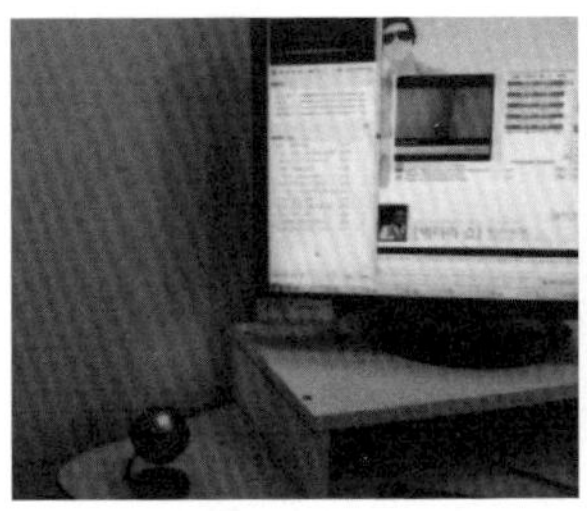

그런데 어느 카메라를 사용하든지 신경 써야 할 부분은 야외 촬영
장소의 조명 상태다. 구름이 낀 날, 해가 맑은 날, 비 오는 날, 눈 내리
는 날에 따라 카메라 설정을 바꿔가며 촬영하는 게 좋다. 자동모드
로 두고 한 가지 방식으로 촬영할 경우엔 기대에 못 미치는 화질이
나올 수 있음을 감안해야 한다.

그리고 카메라에 딸린 내장형 마이크도 신경 써야 한다. 카메라가
최고일 경우엔 의외로 마이크 기능이 부족할 경우가 있다. 이런 경
우를 대비해서 외장형 마이크를 준비하든가 무선마이크를 준비해서
사용을 해보는 게 좋다.

BJ들이 사용하는 의자가 궁금해요!

인터넷방송이 진행되던 중 BJ가 잠깐 사라졌다. 어디로 간 걸까? 시청자들은 BJ가 사라지자마자 채팅창에 글을 올린다. 그 대상은 의자다.

"안녕하세요, BJ 의자님"

"어? '의자'님이시다!"

"'의자'님 음악 틀어주세요!"

"BJ 의자님, 혹시 이름이 '의자왕'이세요?"

재미있는 시청자 반응이 여기저기서 쏟아진다.

그런데 BJ들이 카메라에서 잠깐씩 자리를 비우면서 시청자들에게 본의 아니게(?) 눈에 띈 '의자'가 유명해졌다. 인터넷방송을 보다가 BJ를 하고 싶다는 사람들도 가장 먼저 '그 의자를 어디서 사는지?' 물어본다. 방송을 안하더라도 그 의자가 갖고 싶다는 얘기도 나온다. 도대체 그 의자가 뭐이기에?

일명 BJ의자라고 알려진 그 의자는 PC방 등에서 흔하게 볼 수 있는데 상품이름으로 '뉴타이탄 CS 008'이란 이름을 갖고 있다. 조립식 의자라서 주문하고 도착한 택배박스를 뜯고 직접 조립해야 한다. 색상은 초록, 검정, 노랑, 주황, 베이지(아이보리) 색이 있다. 여자 BJ들이 주로 사용하는 베이지톤의 의자다.

그렇다고 어디 유럽산 제품은 아니다. made in China.

모 BJ의 표현으로는 그 유명한 MIC 제품이란다. 그 의미도 역시 Made in China(MIC)다. 이 의자의 장점은 등받이가 좋다는 점이다. 푹신하다. 등받이를 뒤로 쑥 밀어도 부드럽게 젖혀진다. 모니터 앞에 두고 오랜 동안 방송하기에 편하다. 무엇보다 여성스러운 디자인이 예쁘다.

동영상 편집기술이 있다면 녹화방송도 활용하는 게 좋다. 동영상 편집에서 핵심은 재미있는 주요 장면 편집과 적재적소에 필요한 자막 넣기, 그리고 오디어 넣기인데 이렇게 방송영상과 오디오와 자막을 모아서 하나의 영상으로 만드는 작업(렌더링)까지 어려운 것만은 아니다.

녹화영상으로 방송을 걸 경우에 재미있는 점은 방송 앞뒤로 나만의 포인트로 영상 등을 추가하면서 제법 멋진 프로다운 방송을 만들 수 있는 점이다. 그리고 방송영상을 스마트폰이나 태블릿pc에 넣어 들고 다니며 주위 사람들에게 방송 모니터링을 해볼 수도 있다. 부족한 점은 무엇인지, 재미있는 점은 무엇인지 배울 수 있다.

동영상 편집은 의외로 간단하다. daum에서 무료로 제공하는 팟인코더PotEncodeer 프로그램을 사용하면 어렵게만 보이던 영상편집도 금방 따라할 수 있다. 음향 등의 오디오를 넣고 싶을 땐 소니베가스 Sony Vegas를 사용해서 편집할 수도 있다. 방송 관련 학교 등지에선 프리미어를 쓰기도 하고 보다 어려운 디지털이펙트 등의 특수효과 전문 프로그램을 쓰기도 하는데 인터넷방송 초보 BJ인 경우엔 거기까지 배우기엔 벅차다. 팟인코더와 소니베가스만으로도 남부럽지 않은 영상을 만들 수 있으므로 찬찬히 배워보도록 하자.

드디어 여기까지 BJ가 되기 위한 모든 준비가 끝났다.

장비도 갖췄고 기본적으로 알아야 할 BJ의 노하우에 대해서도 배웠다. 바야흐로 BJ가 된 순간이다. 컴퓨터와 카메라, 모니터, 스피커, 마이크, 방송장소를 비롯해서 BJ가 알아둬야 할 주요 포인트 내용을 질문과 답변 식으로 정리해봤다. 이제부터 다음 단락에서는 본격적으로 콘텐츠를 만드는 방법에 대해 소개한다. 나만의 콘텐츠로 많은 시청자들과 함께 인기 BJ가 되어보자.

BROAD CASTING

JACKY

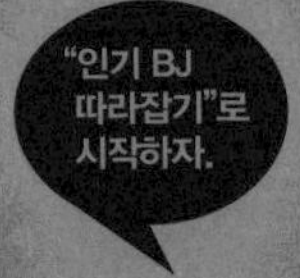

Part.3

인기 BJ로 만들어주는
꿀잼! 콘텐츠 만들기

인기 BJ로 만들어주는 꿀잼!
콘텐츠 만들기

자, 이제부터 신나는 인터넷방송 콘텐츠를 만들어 보자!

나만의 개성이 쏙쏙 묻어나는 콘텐츠만 있으면 수많은 시청자들이 내 방송을 보고 행복한 시간을 가질 수 있다. 게다가 내가 만든 콘텐츠로 유투브나 인터넷에 올려서 조회 수까지 높아지면 짭짤한 광고수입까지 생긴다. 인터넷방송으로 인지도 얻고 방송영상으로 광고수입까지 생기는 프로페셔널 인기 BJ의 세계에 빠져보자.

게임을 좋아하고 즐긴다면 게임방송을! 시청자들과 대화하는 게 자신 있다면 애드립 방송을! 노래를 좋아하고 부르는 게 좋다면 음악감상 방송을! 영어에 자신 있다면 영어방송을 해도 된다. 당신이 가진 특기를 방송을 통해 공개해도 좋고, 당신이 알고 있는 지식을 다른 이들과 공유하고 싶다면 지식방송을 해도 된다. 누구에게나 열린 인터넷방송의 새로운 재미에 푹 빠져보자.

라디오방송을 해도 좋다. 인터넷방송이라고 해서 무조건 얼굴을 공개하는 방송만 있는 건 아니다. 라디오 방송도 아니라면 대화창에서 시청자들과 주고받는 채팅방송을 해도 된다. 070 인터넷 전화가 있다면 전화만으로 이뤄지는 전화방송도 좋다. 무제한 인터넷방송에서 당신이 못할 이유는 하나도 없다. 이제부터 당신은 BJ다.

01 게임방송 만들기

롤 등의 인기 게임을 하면서 방송하는 게임플레이 방송은 게임 특성상 실시간 채팅이나 음성대화로 전개되는 내용이 많아서 그걸 듣는 시청자들도 게임 속 상황에 대해 알아듣고 같이 즐기게 된다.

헤드셋이나 마이크가 장착된 이어폰을 끼고 게임을 하다보면 음성통신 프로그램인 '스카이프'를 이용해서 창 하나를 더 만들고 게임을 하게 되는데 같은 팀 플레이어들이랑 전략을 짜고 서로 임무를 주고받으면서 자연스럽게 그 내용이 들리기 때문이다. 마인크래프트 등의 게임도 마찬가지다. 다른 플레이어들이랑 대화를 주고받으면서 어디에 뭘 하자는 식의 내용이 고스란히 방송으로 들린다.

웹캠의 중요성은 이때 발휘된다. 노트북컴퓨터에서 내장된 카메라로 할 경우에는 따로 준비할 필요는 없다. 웹캠의 위력은 방송 모니터에 게임플레이 화면을 띄우더라도 웹캠으로 BJ의 모습을 촬영해서 게임 화면 속 사방 구석 한 곳에 보이게 하는데서 나온다. 시청자들은 진짜 그 게임을 BJ가 하는지 궁금해 하는데 BJ의 게임플레이 모습을 작은 화면으로 띄우고 보게 하면 현장감 넘치는 게임방송을 전달할 수 있다.

게임방송을 할 때 가장 신경 써야 할 점은 '그래픽카드'다. 게임마다 그래픽 수준이 달라서 방송을 할 때 시청자들에게 부드러운 방송화면 전달이 제대로 안 될 수 있기 때문이다. BJ의 컴퓨터에서 게임플레이 장면이 버벅거린다면 시청자들 눈에는 진짜 답답하게 여겨진다.

예를 들어, 게임 방송을 하려면 쿼드코어 이상의 컴퓨터 사양에 지포스 GTX 660 이상 버전의 그래픽카드를 추천하는데, 게임 플레이 화면이 순간 압축되고 그 데이터가 시청자들에게 전송되는 속도를 감안한다면 좋은 화질의 빠른 속도 유지가 필요한 게임 방송에선 다소 고가이더라도 좋은 장비를 장착하는 게 필수다. 가격 순으로 보자면 대략 10만 원대에 속한다.

플스(플레이 스테이션) 등의 콘솔 게임을 방송할 때는 '캡춰카드'가 필수

게임 화면과 사운드를 컴퓨터에 전달해서 방송이 가능하도록 캡춰 및 전달 기능을 담당한다. 관련 제품으로는 PCI 익스프레스 제품을 많이 추천하는데 외장형 카드도 있고 내장형 카드도 있으므로 BJ가 가진 컴퓨터에 적합한 제품을 선택하자. 연결하는 방법도 간단하다. 콘솔의 출력 단자(HDMI 포트 등을 포함)를 캡춰카드에 연결해주면 그게 전부다.

그런데 이와 같은 게임 방송이 국내서만 가능한 걸까?

그건 아니다. 해외서도 트위치TV와 유스트림 등의 인터넷방송 사이트를 비롯해 실시간으로 방송을 하는 온라인 중계 체계가 잡혀 있다. 국내서 이와 같은 서비스를 하는 사이트들이 daum의 tv팟 등이 있는데 해외 사이트에는 '트위치[TwitchTV]' 등이 해당된다. 여러 사이트를 검토해서 자기가 가진 장비와 컴퓨터 성능에도 원활하게 작동되는 가장 잘 맞는 곳에서 방송을 시작할 수 있다.

그런데 인터넷방송에는 외장형 카드 보다는 내장형 카드가 좋다. TV카드도 마찬가지다. 인터넷방송을 할 때는 카메라 촬영 영상에 대해서 사이트마다 각기 다른 인코딩 과정을 거치게 되는데 외장형 카드들은 내장형 카드들보다는 범용성을 강조하게 되는 점에 영상 전환율 등에서 노이즈가 생길 수 있다. 어떤 TV카드 등을 사용할지는 각 인터넷방송 사이트 마다 자세한 안내를 하고 있으므로 각자 방송을 하려는 사이트에서 참고하도록 하자.

'여캠방'은 여자 BJ가 진행하는 방송을 말한다. 대부분 20대에서 30대 초반 여자 BJ들이 진행하는 여캠방은 탁월한 외모와 말솜씨를 바탕으로 수많은 남자 시청자들에게 큰 인기를 얻는다. 인터넷방송은 '리액션'이라고 알려지게 된 계기도 여자 BJ들의 방송을 통해서다. 잠깐 소개하자면 '리액션'이란 시청자들이 BJ에게 선물을 할 때 선물을 받은 BJ가 감사의 표시로 감사인사를 해주는 모습을 말한다.

리액션의 종류에는 '손 하트' 만들어 보이기, 귀염송 노래 불러주기, 좋아하는 노래 불러주기, 감사인사 전하기 등 여러 경우가 있는데 최근에는 여자 BJ들만의 개성 넘치는 리액션이 등장하는 추세다. 가령, 말하는 장난감을 이용하기도 하고, 발렌타인데이 같은 특별한 날에는 초콜릿을 만들어주기도 한다. 시청자들 중에는 방송을 진행하는 여자 BJ들을 위한 오빠, 여동생, 남동생, 언니의 위치를 드러내며 각별한 애정을 쏟기도 하는데 이따금 BJ들과 함께 하는 정기모임이 있으면 오프라인에서 만나며 스타와 팬의 관계가 된다.

여캠방의 BJ들은 멘탈(정신력)이 강하다?

맞다. 시청자들은 채팅을 나누면서 BJ들에게 듣기 좋은 말만 하는 건 아니다. 때로는 듣기 거북하고 안 좋은 이야기도 하는 사람들이 있다. BJ는 방송에 노출되었고 시청자들은 아이디 뒤에 숨었다는 걸 알고 일부러 그러는지 몰라도 때로는 다른 시청자들도 눈살을 찌푸리게 하는 메시지를 채팅 창에 올리기도 한다. 그래서 여자 BJ들은 멘탈이 강해졌다.

"나는 나를 좋아해주는 사람들하고만 방송하고 싶어요.
시청자들이 안 많아도 되요. 채팅창에서는
가만히 방송만 보다가도 나중에 이상하게 이야기하는
사람들이 있는데 진짜 그럴 땐 슬퍼져요."

오죽했으면 참다못한 어떤 BJ가 시청자들에게 당부하는 이런 말도 있다. 인터넷방송을 재미있게 보다보면 채팅창에 '광고'가 올라오는 건 그나마 귀엽다고 봐줄 수 있다. 시청자들이 신청곡도 올리고 인사 건네고 안부 물어보면서 어떤 주제에 대해 대화를 하는 도중에 그 사이사이에 광고를 올리는 사람들은 그나마 귀엽게 봐줄 수 있다. 그런데 주르륵 빠르게 올라가는 채팅창이나 게시판에 BJ를 폄훼하고 안 좋은 글을 남기는 사람들을 볼 때면 진짜 남자인 필자로서도 어떻게 그들을 해줘야할지 몰라서 화를 참아야 하는 순간이 있다. 여자 BJ들은 오죽할까 싶어 물어보면 의외의 강한 정신력의 대답을 해준다.

수백 명부터 수천 명, 수만 명까지 시청하는 인터넷방송은 일반적인 TV 라디오와 다르게 시청자와 직접적으로 실시간 소통한다는 게 큰 장점이다. 그런데 반해서 그 장점이 단점이 될 경우도 생기는데 '나쁜 시청자'들이 등장하는 경우다. TV 라디오 방송국에선 진행자와 제작진이 같이 있어서 그나마 안 좋은 시청자들의 글은 제작진들이 알아서 빼고 진행자에게 보여준다지만 1인 인터넷방송에선 모든 메시지를 BJ가 다 봐야하고 실제로 다 보이기 때문에 어떻게 미리 빼거나 안 보게 할 수가 없다.

그래서 BJ들은 강해져야만 했다. 특히 여자 BJ들은 언젠가부터 혼자 방송 끝나고 숨어서 울지 않고 방송 중에도 나쁜 시청자들과 맞서는 모습도 서슴지 않는다. 욕을 하는 시청자들에겐 욕도 해주고, 나쁜 말 하는 시청자들은 똑같이 나쁜 말을 해준다. 그러면 다른 시청자들이 나쁜 시청자들을 골라서 스스로 나가게 만들어버린다. 그런 과정이 반복되다보면 이젠 나쁜 시청자들은 별로 없고 좋은 시청자들과 좋은 시간을 공유하게 된다.

'장비 차고 등장하는 여자 BJ'

여캠방의 여자 BJ들은 다 예쁘고 스타일리시하다는, 아니 그래야만 한다는 이야기가 있어서 그런지 여캠방을 준비하는 여자 BJ들의 방송 준비 모습이 이채롭다. 조명을 맞추고 카메라 각도를 조정하고 메이크업은 기본이다. 그런데 여기에 추가해서 '뽕'을 착용하고 방송을 하는 경우가 종종 보인다. 일어서 춤추는 경우엔 엉덩이뽕을, 앉아서 대화하는 방송엔 가슴뽕을, 그날따라 조금이라도 살이 찐 것 같다면 체형보정 속옷까지 입는다. 이른바 '장비 차고 방송'하는 모습이다.

그렇다면 여자BJ들이 진행하는 '여캠방'은 외모만 예쁘면 시청자가 많이 보는 방송일까?

아니다. 여캠방의 콘텐츠는 단순히 여자 진행자의 외모가 아니다. 시청자들과 호흡하는 방송진행 실력이 대단히 중요하다. 외모가 예쁜 건 방송을 처음 보는 시청자들이나 일부 최소한의 시청자들에게 만 호기심이 생기게 한다. 똑같은 외모를 여러 날 보면 금새 다른 방 송을 찾게 된다. 그래서 여자 BJ들은 시청자들과 소통하는 대단한 진 행 실력을 갖춘 사람들이 많다.

예를 들면, 시청자들의 고민을 상담해주는 경우도 있다. 큰언니처 럼 때로는 여자 친구처럼 냉철하고 따뜻하게 시청자들을 보듬으며 상담을 해준다. 남자친구 문제, 여자들끼리의 문제는 물론이고 청소 년 시기의, 20대 초반 그 나이대의 고민을 들어주고 답을 해준다. 그 렇다고 해서 BJ의 대답대로 이래라 저래라 따라하는 게 아니다. 이러 면 좋을 것 같은데? 저러면 어떨까? 그건 이런 거 같은데? 최종 선택 은 항상 질문을 올린 시청자가 직접 선택할 수 있도록 해준다. 그럼 대답을 들은 시청자는 고민이 해결되었다며 고마워한다.

그래서 여캠방의 장점은 탁월한 외모 말고도 대단한 진행 실력이다. 물론 그 실력이 하루아침에 길러지는 건 아니다. 여자 BJ들의 방송경 력을 보면 1년 이상, 4년 이상, 8년이 넘는 동안에도 꾸준히 방송을 해오는 성실함에서 길러진 걸 알게 된다. 수많은 시청자들과 오랜 시 간 방송을 해보면서 자연스럽게 알게 되는 그들만의 노하우다.

"어? 아이디가 어쩐지 남자 같은데?"
"야, 너 여자 맞지?"

여자 BJ들은 채팅창에 등장하는 아이디만 보더라도 성별을 맞출 정도의 감각을 길렀으며 채팅창에 메시지만 보더라도 그 사람이 술을 먹은 상태인지 아닌지 알아챌 수 있는 내공이 쌓였다.

그럼 생각해보자. 여캠방의 장점은 무엇일까?

맞다. 탁월한 외모는 조명과 카메라각도, 적절한 메이크업으로 어느 정도 예쁘게 할 수 있다. 여캠방의 장점은 그러한 외모 외에도 진행 실력이 필수다. 시청자들의 성별과 채팅창에 올라온 메시지만 보고도 시청자의 마음을 읽어낼 수 있는 노하우가 장점이다.

03 정치에 대해 이야기하는 방송
⤷ 제가 정치에 대해선 잘 몰라요

인터넷방송은 TV 라디오 같은 방송이 아니고 UCC로 분류된다.

그래서 제도권 방송처럼 언어적 제한이 없는 경우가 대부분이다. 방송진행자 중에 욕을 하는 사람도 있고 온갖 엽기행동을 하는 사람도 있으며 게임만 하면서 그걸 방송이라고 내보낼 수도 있는 이유다.

정치적인 내용도 인터넷방송에선 더 자유롭게 꺼낼 수 있다. BJ가 정치에 대해 잘 아는 사람인지 아닌지는 중요하지 않다. 시청자들과 함께 정치에 불만인 점, 칭찬할만한 점, 정치인이 잘하는 점 등에 대해 속 시원히 대화를 주고받는 방송들이 있다. 이른바 정치시사 방송이다.

정치공학을 내세우며 정치에 대해 이러쿵저러쿵 따지는 방송이 아니다. 시청자들처럼 평범한 서민이 인터넷방송을 통해 다른 서민들과 주고받는 답답한 마음을 속 시원히 풀어내며 공유하는 방송일 뿐이다. 그래서 정치시사 방송에서는 정치적으로 특정한 이슈가 있을 때 시청자들이 더 많이 시청하고 그렇지 않을 경우엔 조금 줄어드는 현상도 벌어진다.

04 스트레스를 날리는 엽기방송
↳ 돌아온 엽기방송

엽기방송의 한 축을 담당하는 먹방이 대세다. 밥을 먹는 장면이 어떻게 방송 콘텐츠가 될 수 있을까? 이 점에 대해 예상을 깨고 시청자들이 먹방에 열광한 것은 아주 오래 전 일은 아니다. 그런데 한편으론 이해가 되는 것은 '방송'이란 게 대리만족을 위한 것이라면 '먹방'만큼 대리만족을 제대로 해주는 방송이 없다는 점이다. 게다가 성형공화국으로 불릴 정도로 외모에 신경 쓰는 사람들이 많은 이 나라에서 누군가 나 대신 많이 먹는 모습을 보고 싶어 하는 대리만족의 효과가 방송에서 나타난 게 아닐까?

'먹방'이란 영어로 번역할 때 '푸드포르노'라고 부를 수 있다. 식욕을 자극하는 방송이란 의미에서다. '포르노'란 단어 자체가 우리나라 사람들에게 주는 어감이 성인영화로 생각될 수 있는데 영어권 의미상으로는 '욕구를 자극하는 영화' 정도로 전달되는 단어다. 그래서 푸드포르노라고 하면 식욕을 자극하는 영상이라고 번역될 수 있다.

그래서 '먹방'은 BJ가 얼마나 대식가인가? 얼마나 많이 먹는가? 저런 것도 먹을 수 있는가? 그런 걸 보는 게 아니다. 먹방이 인기를 끄는 요인은 음식을 앞에 두고 방송하면서 시청자들과 나누는 대화에 있다. 그 순간만큼은 인터넷방송 BJ가 아니라 음식을 공유하는 친구라는 인식이 더 강하게 된다. 음식을 앞에 두고 대화하는 사람에게 친밀감을 갖지 않으래야 않을 수가 없다.

그리고 한때 유행했던 엽기 코드를 방송에 접목시켜서 인기를 얻는 엽기방송도 많다. 이상한 음식 먹기, 이상한 지시사항을 수행하기, 말도 안 돼는 벌칙 정하고 그 벌칙 수행하기 등등의 과정이 방송으로 고스란히 전해진다.

하지만 이런 엽기방송은 '이런 방송도 있네?' 정도일 뿐, 오래 지속될 수 있는 방송은 아니다. 엽기방송을 하는 BJ들도 그들이 나중에 부모가 되고 손주들을 두는 나이가 되엇을 때 후회할 수 있는 방송들이다. 엽기방송은 시청자들에게 비호감을 주거나 혐오감을 주는 방송이어선 안 된다. 엽기방송을 하고 싶다면 시청자들과 함께 웃고 유쾌할 수 있는 엽기방송을 해야 한다.

└ 모니터에서만 만나는 신기한 미팅법

일례로 색다른 형태의 엽기방송이다. 당신이 진행하는 방송 창을 다른 BJ가 진행하는 방송 창 영역에 띄워놓고 방송을 통해서 서로 인사하고 대화하는 형태의 방송이 가능하다. 물론 실제로 BJ들끼리 만나서 같이 방송을 하는 건 아닌데 온라인상에서 방송창만 붙여놓고 마치 같이 방송하는 것처럼 보여주는 방식이다.

'그게 무슨 엽기야?'

여기서 말하는 엽기란 시청자들에게 혐오감을 주는 엽기가 아니라 기상천외한 방식으로 방송을 하는 점에서 엽기란 뜻이다. 예를 들어, 위에서 설명한 두 곳의 방송 창을 맞대어 놓고 한쪽의 BJ가 머리를 쓰다듬는 동작을 하면 다른 쪽 BJ가 머리를 숙여 그 손아래에 갖다 대고 귀여운 표정을 짓는 식의 방송도 구현이 된다.

때로는 2명 이상의 BJ들이 모여서 기상천외한 방송을 꾸밀 수도 있다. 남자 BJ들이 모여서 영상 창을 맞대면서 뽀뽀하는 개그 동작을 연출하기도 하거나 아프리카 사막지대 영상을 띄어놓고 BJ가 그 위에서 밀림의 동물들이랑 대화하는 영상도 만들 수 있다. 방송영상으로 만들 수 있는 다양한 시도를 엽기방송으로 풀어낼 수가 있다.

05 카메라 특수효과의 달인

인터넷방송을 더욱 재미있게 시청하게 되는 특수효과 화면을 만들 수 있다. 특별한 기술이 필요한 것도 아니고 방송 화면을 다양하게 바꿔주는 프로그램 하나만 실행하면 된다. 이런 종류의 프로그램들 중에 '매니캠ManyCam'이 있다. 나만의 방송을 재미있고 유쾌한 방송으로 만들어 보자. 시청자들이 환호할 것으로 확신한다.

재미를 높여주는 매니캠 사용법

화면 만들기의 최고봉이지 않을까 싶다. 인터넷방송을 할 때도 얼마든지 활용할 수 있는 프로그램이다.

사이트에 접속하고 다운로드 받아서 설치하면 끝. 누구나 사용 가능한 프리웨어다. 카메라 효과, 모니터 효과, 얼굴 효과 등으로 다양한 효과를 낼 수 있다.

출처: www.manycam.com

컴퓨터에 설치한 매니캠 실행 화면이다. 카메라를 설치하면 영상
이 나타나는데 아직 카메라 설치 전이라서 영상이 보이지 않는다.
물론 카메라가 없어도 게임방송이 가능하다.

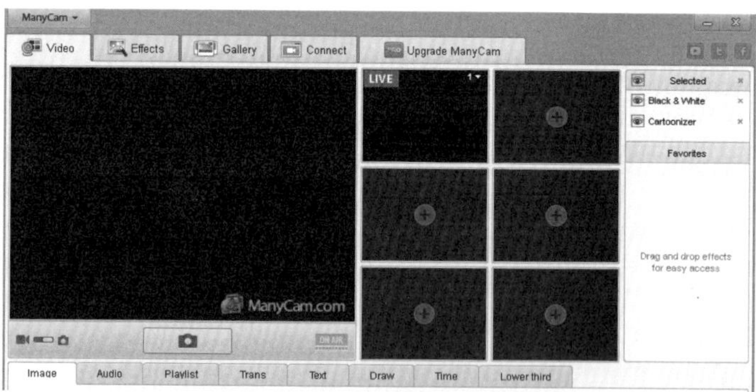

출처: www.manycam.com

게임을 선택하면 카메라 화면이 사라지고 게임 화면이 나타난다.

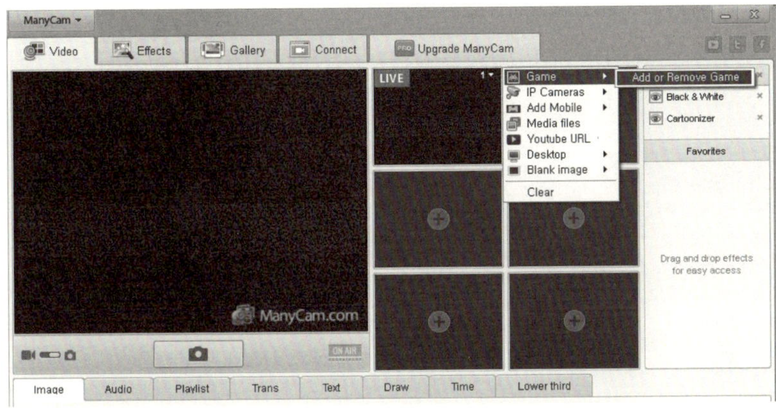

출처: www.manycam.com

매니캠에 대해 간략하게 설명하자면 이 프로그램을 사용해서 방송 화면을 재미있게 꾸밀 수 있는 장점이 있다는 점이 좋다. 프로그램 실행화면에서 검은 창으로 표시된 영역에 이미지나 영역을 불러와서 꾸밀 수 있는데 주로 영상효과로 사용된다는 점을 기억하자.

실행화면 아래에 이미지, 오디오, 플레이리스트, 자막TEXT, 시간설정 등의 메뉴 기능이 있고, [효과(이펙트:Effect)] 메뉴를 누르면 화면 옆에 카테고리(목록) 별로 다양한 효과를 설정하는 기능들이 표시된다.

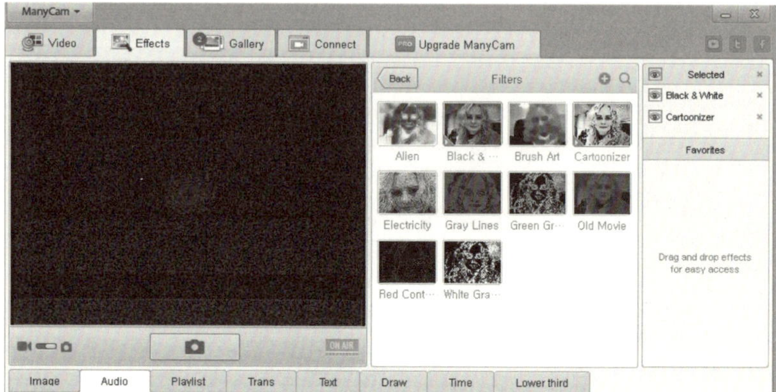

출처: www.manycam.com

방송 화면을 작게, 확대, 불타는 화면, 눈 내리는 화면 등으로 '왜곡' 효과를 줄 수도 있다.

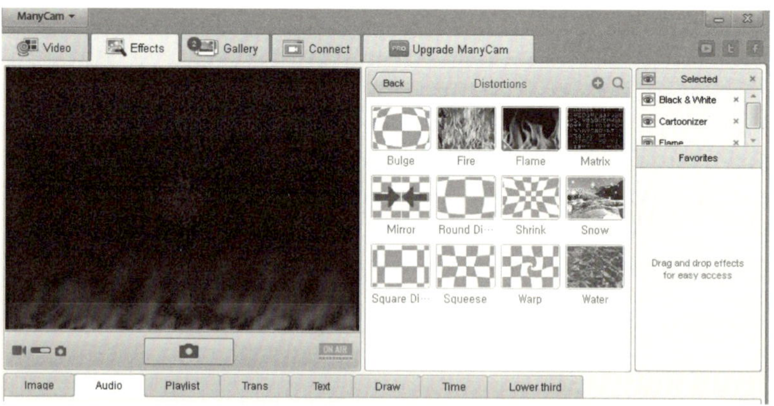

출처: www.manycam.com

BJ가 등장한 화면에 재미있는 액자 형태 표시를 넣을 수도 있다. 방송 장소가 어느 순간 악어 입이 되어버린 모습이다.

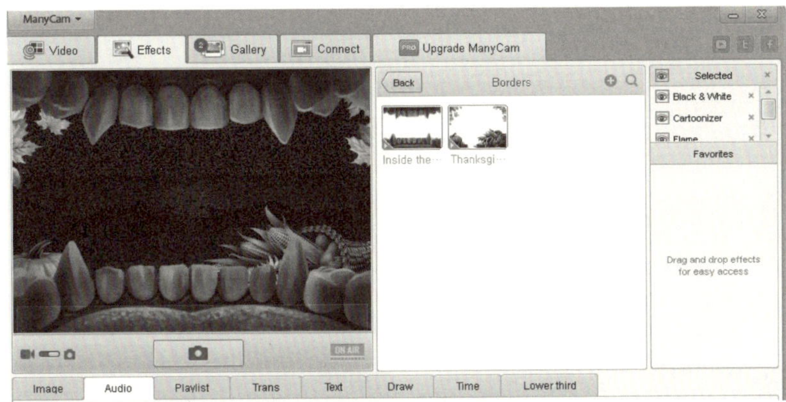

출처: www.manycam.com

이처럼 재미있는 화면 전환 효과를 줄 수도 있다. 너무 자주는 아니더라도 시청자들과의 즐거운 방송을 만들기 위해 이따금 사용해보는 것도 추천한다.

웹캠과 스마트폰캠 그리고 와이파이 일체형 캠과 DSLR 장단점

인터넷방송에서 사용하는 카메라 종류에 따라 장단점을 알아두자.

웹캠은 값도 저렴하고 설치와 사용이 쉬운 반면에 공간상 제약이 있으며 스마트폰캠은 다양한 어플을 설치해서 직접 촬영 및 방송이 가능하다는 장점도 있으나 원거리 촬영 및 세부 화질이 좋지 않다는 단점이 있는 등 각기 장단점이 있다. 어떤 카메라를 사용할지 생각 중이라면 대표적인 장단점을 염두에 두고 고르도록 해보자. 물론 한 개의 종류만 사용하라는 건 아니고 여러 대를 번갈아 사용할 수 있는 방법도 있다.

웹캠 : 장소 제한이 있는 반면에 좁은 공간에서 편하게 방송하는 장점

웹캠은 좁은 장소에서 촬영하기에 편리하다. 웹캠으로 화상채팅을 하던 사람들이 많은 점에서도 카메라 자체가 낯설지 않은 게 장점이다. 다만 좁은 곳에서 촬영이 편리하다는 장점이 좁은 곳에서만 촬영할 수 있다는 단점이 되기도 한다. 거리감이 있는 장면에서는 화질이 극도로 불안정해지며 자동초점이 여러 번 실행되는 등의 방송사고 원인이 될 수도 있다.

스마트폰캠 : 근거리 촬영에 편하지만 원거리 촬영 불편, 오디오 따로 녹음은 편리

스마트폰캠은 높은 해상도와 기술력 덕분에 화질 하나는 정말 최고 수준이다. 그런데 문제는 그 화질이 근거리촬영에서만 적용되는 점이다. 멀리 있는 대상을 촬영할 때는 희미하다 못해 아예 뿌옇게 보이는 경우도 있다. 스마트폰 어플이 직접 촬영 후 직접 방송을 지원하는 게 많다보니 스마트폰캠을 사용하는 BJ들도 많이 있다. 다만, 어쩔 수 없이 야외에서 방송하는 경우를 빼고는 실내에서 할 때는 아무래도 스마트폰캠은 빼놓게 된다.

와이파이 일체형 캠코더 : 로그인으로 야외 방송 가능하다는 장점이지만 와이파이 없으면 불편

인터넷방송을 하는 BJ를 위해 등장한 캠코더였다. 특히 시사뉴스, 보도방송을 하는 BJ들은 이 카메라 한 대로 여기저기 다니며 생생한 현장감을 그대로 방송할 수도 있었다. 그런데 문제가 있는 게 와이파이 서비스가 안 되는 지역에선 무용지물이란 점이다. 그냥 카메라 캠코더일 뿐이다.

DSLR 카메라 : 장시간 촬영 시 잦은 배터리 교환에 불편, 렌즈교체만으로 색채감 다양한 장점

렌즈만 바꾸어도 다양한 색감 표현이 가능해서 TV 프로듀서들에게도 인기가 높다. 특정 브랜드의 카메라 상표를 본 따서 우리말로 '오두막'이라는 애칭까지 생겼을 정도다. 그런데 단점이 있다면 그건 배터리 사용시간이다. 대용량 배터리를 사용해도 날씨 여건에 따라 지속촬영은 30분을 넘기기 힘들 수 있다. 실내에서 전원 케이블 꼽고 방송할 때는 무관한다. 야외에서 영상 촬영할 때의 단점이다.

잘생기게, 예쁘게 보이는 게 중요해

카메라 특수효과는 BJ의 모습을 현실의 모습과 다르게 보여주는 게 1차적인 목표다. 그래서 화면 전환, 화면왜곡 등의 재미있는 효과를 주는 것도 특수효과이지만 BJ의 모습을 신비감 있게 만들어내는 것도 특수효과의 일종이다. 인터넷방송도 방송이니 만큼 요즘 BJ들 사이에선 헤어샵도 정해두고 다니며 특별한 관리를 하고 있을 정도이고 카메라 효과에서 만큼은 모든 BJ들이 신경 쓰는 부분이다.

그렇다면 기존의 카메라를 쓰면서 다큐멘터리가 아닌, BJ의 모습을 신비감 있게 촬영해주는 기법은 어떤 게 있을까? 매니캠 등의 프로그램을 사용하지 않고서도 카메라 자체에서 BJ들을 멋있게, 예쁘게 보이는 방법이 필요하다.

아이디어를 제공하자면 무조건 '밝은 공간에서 촬영'하라는 얘기를 해주고 싶다. 카메라는 조명이 생명이다. 그리고 보니 빛의 조도에 따라 촬영 영상의 호불호가 극명하게 갈린다. 밝은 곳에서 촬영할 때는 BJ의 얼굴 전체나 배경까지도 밝은 이미지로 노출된다. 피부톤도 정돈되어 보이고, 미소를 지을 때나 대화를 할 때도 자연스럽다.

그런데 조명이 어둡거나 덜 밝은 곳에서 촬영한 카메라 영상을 보면 방송용으로 내보내기 꺼려질 정도다. 마치 종군기자처럼 느껴질 수 있다고 하면 너무 과도한 비유일까? 카메라가 그만큼 BJ들에겐 생명이란 걸 강조하기 위해서라면 합당한 비유일 수 있다.

그래서 경쟁력을 얘기하는 중이다. 다른 BJ들처럼 인터넷방송을 한다면 그들과 다를 게 뭐가 있을까? 이 단락에서는 카메라의 특수효과를 다루면서 기본 카메라만으로 예쁘게, 잘생기게 촬영하는 노하우를 소개하는 중이다. 다른 BJ처럼 방송하려는 사람이라면 구태여 이 책이 필요 없을 수 있다. 그러나 기존의 인터넷방송보다 더 유쾌하고 알찬 콘텐츠를 만들고 싶고 다른 BJ들과의 경쟁에서도 앞서 나가고 싶은 사람이라면 여기서 설명하는 모든 내용이 도움 될 것으로 여긴다.

카메라 '랙' 걸리는 날은 필요 없다!

카메라 영상이 시청자들에게 제대로 전달 안 되고 중간에 자꾸 끊기거나 먹통(검정색 영상화면)이 되는 경우, 지지직거리는 것처럼 화면에 이상한 줄이 생기는 현상, BJ는 제대로 움직이는데 영상엔 너무 느리게 보이는 현상 등이 카메라가 '랙' 걸렸다고 한다. 카메라가 버벅대다, 카메라가 더디다, 카메라가 맛이 갔다고도 표현한다.

우선 카메라의 해상도 설정을 봐야 한다. 640x480 설정을 써야 하는데 그 이상의 해상도로 설정되어 있다면 컴퓨터랑 연동할 때 성능차이가 커서 버벅대는 현상이 생길 수 있다. 그게 아니라면 인터넷 선의 문제다. 유선 인터넷이 아니라 무선 인터넷 와이파이 상태에서 방송을 하던 중이었다면 신호세기가 제대로 잡히는지 봐야 한다.

또는, BJ 화면에만 느리게 보이고 시청자들 화면엔 정상적인 속도로 방송되는 상황일 수도 있다. 이럴 경우엔 시청자들에게 채팅창에 방송 영상 상태를 확인하고 이상 없다고 하면 자신의 카메라랑 컴퓨터를 점검해야 한다. 컴퓨터 해상도 설정이랑 카메라 해상도 설정이랑 맞는지 살펴보고, 컴퓨터 그래픽카드에 오류가 생긴 건 아닌지 다시 한 번 더 살펴본다.

BROAD CASTING

JACKY

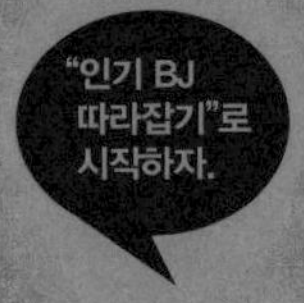

Part.4

최고의 인기 BJ가 되려면

최고의 **인기 BJ**가
되려면

이제부터 인기 있는 BJ의 방송 진행 노하우에 대해 알아보자.

수십 명 밖에 안 되는 시청자들도 있는 반면에 수천 명, 수만 명의 시청자와 함께 방송을 하는 BJ들이 있다. 그들의 차이점은 무엇인지 알아보고 인기 있는 BJ가 되려면 어떻게 진행을 해야 할지 전략을 세워보자.

방송 플랫폼(인터넷방송 사이트)의 문제가 아니다. 어떤 사이트에서 방송을 진행하더라도 시청자들은 온다. SNS를 통해 당신의 방송이 알려지고 트위터와 페이스북, 카카오스토리, 카카오톡, 인스타그램 등을 통해서 당신의 방송을 홍보할 방법은 많다. 유튜브에 올린 당신의 방송을 보고 생방송을 시청하러 사람들이 몰려오게 된다. 중요한 건 당신의 방송 사이트가 아니라 방송 진행 노하우다.

인기 있는 BJ의 실력은 드립력(말솜씨)에서 나온다?

100%는 아니지만 어느 정도 일리 있는 말이다. 그러면 말솜씨를 키우기 위해 어떤 노력을 해야 할까? 책을 많이 읽을까? 상상력을 키울까? 누군가와 대화하는 연습을 많이 할까?

모 유명 개그맨은 연예인으로 활동하던 초창기 시절 카메라 앞에만 서면 버벅거리는 울렁증을 이기지 못해 방송에서 퇴출 아닌 퇴출이 되었다. PD들이 방송을 만들 때 그 사람을 부르지 않았다. 그러길 14년의 시간이 흘렀다. 이 시간 동안 개그맨은 어떻게 지냈을까? 방송을 포기하고 직장을 알아보러 다녔을까? 아니다. 이 개그맨은 얼마 후부터 자신의 말솜씨를 키우기 위한 노력을 시작했다. 사람들을 만나서 커피점에서 대화를 했다. 오렌지 주스 한 잔을 놓고 몇 시간이고 이야기를 이어나가는 연습을 했다. 술은 전혀 마시지 않았다. 오로지 대화하는 연습을 해서 몸에 배이게 할 요량이었다. 그리고 이 개그맨은 지금 대한민국 최고의 인기를 얻은 스타로 활동하고 있다.

인기 BJ가 되려면 어떤 노력을 해야 할까?

그들의 수입은 어디서 생기고 시청자들과 대화는 어떻게 해야 하며, 방송 시간과 방송을 종료할 때도 나름의 전략이 있다면 어떤 생각이 드는가?

이제부터 인기 BJ 따라잡기 노하우를 알아두자. 어느 순간 당신도 인터넷방송계의 전설이 될 수 있다. 게임으로 치자면 '만렙'을 찍는 그 날, '넘사벽'이 되는 영광의 순간에 올라서도 시청자들과 함께 최고의 방송을 이어나가는 당신의 모습을 기대해 보자.

BJ는 돈을 어떻게 버나요?

BJ는 직업이다. 시청자들이 시청료를 내고 기업체에서 광고 제안을 해오며 온라인사이트에서 광고를 걸어주고 수수료를 나눠준다. 인기를 얻고 인지도를 쌓게 되면 온라인 쇼핑몰을 하고, 자기 브랜드를 만들어서 각종 소품을 만들어 팔거나 나름의 광고모델이 되어 수익을 얻게 된다. BJ가 단순히 인터넷방송의 진행자로 또래문화에 머물던 시대가 아니다. 어엿한 직업인으로 등장했고 각 분야에서 자기만의 세상을 만들어가고 있다.

> "BJ가 되기 전에 먼저 인터넷방송을 경험하려면 무슨
> 방법이 없을까요? 그럴 수 있으면 저 혼자 방송을 시작할 때
> 조금이라도 두려움이 없어질 거 같아요."

좋은 아이디어다. 인터넷방송 BJ가 되고 싶은데 어떻게 할 방법을 모른다면 우선 다른 BJ의 방송에 초대손님으로 출연해보는 것도 좋은 방법이다. 또 다른 방법은 다른 BJ들의 여러 인터넷방송을 오래

보고 관찰하며 나만의 전략을 세우는 것도 중요하다.

다른 BJ들을 보면서 나만의 전략을 찾는 건 초짜 BJ들만 하는 건 아니다. 기존의 BJ들도 인기 BJ의 방송을 보면서 자신만의 방송진행 스타일을 만들곤 한다. 심지어 어쩌다 보면 A라는 BJ가 B라는 BJ의 말투를 흉내 내는 것도 볼 수 있다. BJ들끼리도 인기 많은 누군가의 스타일을 따라하는 중이다.

실제 사례를 바탕으로 '인터넷방송 BJ 되기' 단계를 알아보자.

"초대손님으로 와주세요."

평소 알고 지내던 모 BJ에게 연락을 받았다. 방송에 나와 달라는 얘기였다. 이게 무슨 소리인가 싶어서 '방송은 안 나간다고, 그건 내 체질도 아니고 경험도 없어서 어렵다'고 전했다. 그런데 상대방도 쉽게 포기하지 않았다. 얼굴도 나오는 게 아니니까 그냥 방송에 나와서 내 전문분야 소식만 전해주면 된다고 제안했다. 여기에 솔깃했다. 방송이라곤 하지만 자신과 내가 평소에 하던 이야기를 하는 거랑 똑같다고 했다. 1시간만 같이 앉아서 음료수도 마시면서 얘기만 하면 된다고 했다.

'내가 하는 일에 대해 소식만 알려주면 된다고?

내가 가진 지식과 정보를 내 일에 관심 있는 사람들과 이야기한 다는 게 나쁜 일은 아니라고 여겼다. 드디어 인터넷방송 BJ가 방송을 하는 현장에 가는 첫 발걸음을 내딛었다. 방송을 하던 첫 날, '뭐, 별거 아니지. 내 일도 알려줄 겸 홍보도 되고 좋지.' 즐거운 마음으로 알려준 장소를 찾아갔다.

그런데 1시간이라고 했던 그 짧은 시간 동안의 경험(?)을 바탕으로 얼마 후 나만의 방송프로그램이 생겼고 지금은 인터넷방송 BJ를 넘어 1인 방송국까지 직접 운영하게 되었다. 이게 도대체 어찌 된 일일까? 인터넷방송 BJ에 대해선 전혀 생각도 없었고 계획도 없던 내가 1인 방송국까지 운영하는 사람이 되었다니?

그 시작은 생전 처음 보는 마이크와 각종 방송 기기들 앞에 앉는 것으로 시작되었다. 나를 부른 BJ는 책상을 사이에 두고 나와 마주 앉았다. 내가 물었다.

“그렇지! 그렇게 얘기하면 돼. 재밌네. 방송하는데 와서 외환거래니 주식거래니 재밌잖아? 하하. 그 앞에 있는 건 초대손님용 마이크이고, 내 앞에 있는 건 진행자 마이크, 이 컴퓨터는 방송녹화용, 저 컴퓨터는 방송 송출용, 그리고 이건 오디오믹서라고 해서 진행자 말소리랑 초대손님 말소리, 음악소리를 섞어주는 장치이고, 저건 스피커이고.”

“저건요?”

정말 작은 스튜디오 안에서 벽에 매달린 기계를 가리켰다.

“그건 에어컨이지.”

너무나 당연한 일도 분명 무슨 다른 용도가 있을 거라고 생각해서 물어본 질문이었다. 에어컨으로 보이는데 분명 저건 에어컨이 아니라 여기 방송장비들하고 무슨 연관이 있는 시설일 거라고 생각했던 순간이었다. 그런데 그 에어컨은 진행자가 더울까 봐 시원하게 방송하라고 설치해둔 거라고 했다. 아, 에어컨은 에어컨이구나.

“오디오 믹서? 그건 뭔가요?”

믹서라고 한다면 집에서 주스 만들어 먹는 과일믹서, 팥빙수용 믹서밖에 모르던 나였다. 방송하는데도 믹서가 있다니? 믹서라고 하는데 왜 이렇게 넓고 평평하며 볼륨조절기 같은 꼭지는 왜 그렇게 많은 것이고, 이거 무슨 비행기 조종석에서나 볼 수 있을 것 같은 각종 조정장치가 너무 많아 보였다.

"아, 이거? 이건 소리 섞어주는 장치인데 스위치 많다고
어려운 건 아니고, 여기 보이지? 요거 올리면 초대손님 마이크에
불 들어오는 거고, 요건 진행자 마이크에, 요건 음악소리,
저건 초대손님 투^two 용도야."

"초대손님 투?"

"초대손님이 한 명이 아니라 두 명, 세 명 올 때도 있잖아?
이 안엔 공간이 작아서 그런데 초대손님 3명까진 이곳에도
부를 수 있어. 각자 마이크 써야하니까 오디오믹서도 각각
있어야지. 그건 초대손님 투, 다른 건 초대손님 쓰리."

"아... 그런데 마이크에 불이 들어와요?"

"마이크 꼭지 앞에 보면 빨간불 켜졌지? 이렇게 다시 내리면
꺼졌지? 그 의미인데, 빨간불 켜졌을 때 말해야 말소리가 방송에

고개를 끄덕이며 이것저것 물어보던 사이 드디어 방송 시작 시간이 되었다. 한참 동안 웃고 떠들며 이것저것 알려주던 BJ는 잠시만 기다리라고 하고는 방송 준비를 했다. 컴퓨터를 켜둔 상태에서 방송 시작 부분에 들려줄 시그널 음악을 대기시키고, 첫 곡으로 방송할 음악도 서너 곡 준비해두었다.

그리고 정각. 경쾌한 시그널 음악이 들렸다. 정말 작은 스튜디오(내가 보기엔 컨테이너박스 작은 거를 가져다가 집 바로 옆 여유공간에 짜맞춘 것으로 보이는) 안에서 인터넷방송이 시작되었다. 나는 생전 처음으로 낯선 장소에, 컨테이너 박스 안에서 방송 초대손님으로 마이크 앞에 앉은 상태였다. 내 앞엔 어느새 전날 준비해두었던 A4용지 몇 장이 놓였다. 이 날 방송에서 말하려는 정보였다.

시그널 음악이 끝나고 BJ가 멘트를 했다.

날씨가 어떻고, 오늘 방송에 오는데 어떤 일이 있었다고 했고, 끝으로 그 날 방송에 초대손님으로 내가 나왔다고 얘기하며 음악 듣고 다시온다고 하더니 아까 골라두었던 음악을 틀며 볼륨을 높였다. BJ 앞에 놓인 마이크의 빨간불이 꺼졌다. 내 앞에 마이크엔 아까부터 꺼진 상태였다. 오디오믹서에 스위치 한 개를 위로 쭈욱 올리더니 다른 스위치는 모두 내리는 게 보였다. 컴퓨터에서 튼 음악만 방송으로 나가는 중이었다.

자신의 그물에 내가 걸려들었다는 얘기일까? 방송을 시작했으니 아무데도 못 간다는 이야기를 하며 BJ가 킥킥거렸다. 나잇살도 있는 남자가 초대손님 불러다 놓고 혼자 좋아서 킥킥거리는 모습이라니? 그 앞에서 멍 때리고 있는 나는 도대체 여기서 뭐한다니?

'여긴 어디? 나는 누구?'

방송에서 틀어준 첫 곡이 끝나고 BJ가 마이크를 다시 켰다. 이번엔 내 앞에 놓인 마이크에도 빨간 불이 들어왔다. 그걸 보는 순간 숨도 제대로 쉴 수 없었다. 이거 잘못하다간 숨소리마저 고스란히 방송 탈 수 있겠다 싶었다. 침도 삼키지 못했다. 자칫하다간 침 삼키는 소리마저 방송에 나갈 수 있을까 걱정이 되었다. 아, 괜히 왔다. BJ가 튼 음악은 나도 좋아하고 당시 한창 인기를 얻던 신나는 음악이었는데 내 귀엔 아무 것도 들리지 않았다. 양손에 든 A4 용지만 뚫어져라 쳐다보게 되었다.

"자, 그럼 오늘 방송에 나와 주신 초대손님에게도 감사드리며
저는 내일 이 시간에 다시 뵙겠습니다. 오늘 방송 여기서 마칩니다.
남은 시간도 즐거운 시간 되시고 내일 다시 건강한 마음으로
다시 찾아오겠습니다!"

BJ의 방송 클로징멘트^{Closing ment: 마무리} 인사였다.

가슴 졸이던 시간이 언제 어떻게 지나갔는지 몰랐지만 BJ의 방송 종료 멘트는 내 귀에 정확히 들렸다. 얼마나 기다려왔던 순간인가? 드디어 끝났다. 내 다음엔 절대 안 오리라! 이럴 줄 알았으면 오지 않는다고 한 건데 도무지 긴장되고 떨려서 아무 소리도 못한 것 같았다. BJ의 방송 클로징멘트가 나가고 내 앞에 놓인 마이크의 불이 꺼진 다음이 되어서야 숨을 제대로 쉴 수 있었다.

"감사했습니다. 그럼 이제 두 번 다시 볼 일이 없겠네요.
행복하게 사세요."

BJ를 향해 인사하며 쏘아붙이듯 작별인사를 했다. 다음에 또 볼 일은 없겠다는 얘기였다. 농담 반, 진담 반이었지만 최소한 그 BJ를 개인적으로 만나긴 하더라도 방송에 두 번 다시 나올 일은 절대, 결코 없으리라고 여기던 순간이었다. 아니, 사람을 불러다 놓고 당황시켜도 정도껏이지 이건 무슨 내 일 이야기만 하면 된다고 하더니 방송 중간중간에 재미있는 이야기도 해보라고 하질 않나, 일 외에도

살아가는 이야기를 해보라고 하질 않나 나도 모르게 하지 않아도 될
이야기까지 다 한 것 같았다.

그리고 일주일 뒤.

나는 다시 그 자리에 앉아 있었다. 일주일 사이, 도대체 내게 무슨
일이 벌어졌던 걸까? 일주일 뒤 그 자리에 나를 불러 앉힌 건 그 BJ
도 아니었고 방송에 출연하고 했던 내 욕심도 아니었다. 첫 방송 출
연을 마친 그 날 BJ는 다시 만나지 말자며 잔뜩 삐친 표정으로 '작별
인사'를 하는 내 모습을 보고 웃더니 잠깐 이것 좀 보라며 모니터를
보여줬다.

'오늘 초대손님 누구세요? 목소리도 멋지시고 다음 주에 또 보고
싶어요!'
'오늘 방송 유익했어요! 자주자주 나와주세요.'
'초대 손님 덕분에 새로운 사실을 알게 되었네요! 고맙습니다!'
'오늘 방송 BJ님이랑 초대손님도 너무 재미있었어요! 다음 주에도
부탁요!'

방송을 마친 후에도 시청자 게시판에, BJ 쪽지에 시청자들의 댓글

이 이어졌다. 방송 중간에 신청곡을 올리는 용도로만 알았던 게시판에 시청자들의 방송 감상평이 줄을 이었다. 시간당 시청자 수만 명이라는 얘기가 빈말이 아니었다는 걸 알게 되는 순간이었다. 그런데 나는 다음 주에도, 또 다음 주에도 초대손님 자리를 지키며(?) 방송을 이어나갔다. 그러던 어느 날.

"이제 방송 하나 맡아야지?"

BJ가 나를 부르더니 방송시간을 짜려는데 언제가 좋겠느냐며 방송하기 편한 시간대를 고르라고 했다. 이건 도대체 무슨 소리인가? BJ 이야기로는 그랬다. 자기랑 이야기하던 그대로 그냥 마이크 앞에 앉아서 얘기하면 되는 거라고. 자기가 화장실 갔다고 생각하고 혼자 빈 시간 채우는 거라고 여기라고. 그렇다고 혼자만 들여보내는 건 아니고 서포트^{support}해 줄 사람 한 명이 같이 들어갈 거라고 했다. 이게 도대체 무슨 월남 스키부대 이야기인가 싶었다.

나 보고 인터넷방송 BJ가 되라니?

그로부터 얼마 후엔 실제로 '빅터리 쇼'가 생겼고, 꽤 오랜 시간에 걸쳐 방송이 지속되었다. 시간당 시청자 수 9만 명에 달하는 순간도 많았다. 나는 매주 초대손님을 불러다 놓고 예전에 그 BJ가 내게 했던 것처럼 방송을 이어나갔다. 패션과 연예에 대한 이야기, 가수 초대손님, 웃음치료 초대손님, 단재 신채호 선생님의 맏며느님이신 이덕남

여사님을 모시고 방송을 하는 영광스런 순간도 있었다. 배우와 모델을 불러와서 각종 게임으로 유쾌한 방송을 하던 순간도 기록에 남았다.

그리고 또 얼마 후.

1인 인터넷방송국이자 영화관 콘셉트의 UCC상영관을 만들어서 나만의 인터넷방송국으로 꾸려오기를 수년째에 달한다. 패션쇼 영상과 각종 홍보영상을 내보내며 제법 시청자들도 모이고 게시판에 글도 쌓이는 모습을 봤다. 인터넷방송 BJ의 초대를 받아 손님으로 시작한 인연이 어느덧 나만의 인터넷방송국으로 발전하다니? 개인적인 경험이 다시 '인터넷방송에서 인기 BJ 따라잡기'라는 책으로 세상에 드러나는 순간이다.

시청자가 주는 시청료가 뭔가요?

인터넷방송을 하다보면 시청자들에게 선물을 참 많이 받는다. 모 인터넷방송 사이트에선 시청자들이 유료아이템을 구입해서 그걸 BJ들에게 선물해주기도 하지만 사실 BJ가 되면 수입은 이곳저곳에서 많이 생긴다. 사이트에서 시청자들이 주는 유료 아이템이 전부가 아니다. 모 시청자들은 매월 정기적으로 쌀을 보내오기도 하고, 각종 기념품에 특산품, 방송하는데 도움 되라며 후원금도 보내온다.

시간당 시청자 수가 많아지면서 게시판에 글을 남기거나 방송에 공지되는 이메일 주소, 연락처 등으로 광고게재를 문의하는 기업체 수도 늘어난다. 월 고정 얼마의 비용으로 방송 화면 어디에 광고를 게재해달라는 제안도 적지 않다. 방송 화면 외에도 방송 중간에 오디오광고로 넣어달라며 기업체에서 직접 만든 오디오광고를 넘겨주거나 아니면 인터넷방송 BJ가 직접 목소리를 넣어 광고를 만들어 틀어달라며 비용을 대기도 한다.

방송 시청자들이 주는 시청료가 된다. 이 외에도 인기 BJ들은 개인 사업화하며 신발을 파는 쇼핑몰을 차리고 자기 브랜드를 만들기도 하고, 시청자들과 함께 만나고 어울릴 수 있는 식당을 차리고 장사하는 사람들도 생겼다. BJ가 초대받는 행사 수입도 생겨났다. 강연회에서 행사진행까지, BJ를 향한 각종 수입이 생겼다. 이런 모든 수입이 시청자가 BJ에게 주는 시청료의 일부다.

광고 협찬을 하고 싶대요!

광고 협찬을 원하는 기업은 주로 현물 협찬을 제안한다. 현금 등의 광고비 지출과 다른 형태인데 광고협찬은 현물을 제공하며 BJ의 방송에 자신의 회사에서 판매하는 상품을 노출시켜달라는 제안이다. TV 드라마 등에서 등장하는 PPL^{간접광고상품} 방식의 광고를 말한다. 기업체에서는 자기들의 상품을 영상에 노출시키면서 홍보가 되어 좋고, 영상 제작진 입장에서는 필요한 소품을 무료로 받아서 촬영할 수 있으니 좋다.

광고협찬 비용은 주 단위, 월 단위로 계약을 맺는다. 시간대에 따라서, 방송의 시청자 층에 따라서 비용이 다르게 책정되기도 한다. 청소년층을 대상으로 하는 방송이라면 청소년들이 주로 보는 시간대의 방송에 1시간에 몇 번 노출해주는 조건 등으로 계약을 한다. 1회 노출에 5초 노출이라는 구체적인 조건을 걸기도 한다.

광고협찬 단가는 해당 프로그램의 시청자 수에 따라 달라지고, 유튜브 조회 수, 해당 방송의 클릭 수, 동시 시청자 수 등의 여러 조건이 고려된다. 딱히 정해진 단가 기준은 없다. BJ가 콘텐츠를 제작하는 제작자라는 점에서 기업과 BJ 사이에 일정 협의에 동의가 있으면 광고협찬이 진행된다.

유튜브에서 광고료가 들어왔어요!

유튜브에 동영상을 만들어 올려서 수천만 원을 버는 사람이 있다? 사실이다. 수억 원을 버는 사람들도 속속 등장하는 중이다. 유튜브 뿐만 아니라 여러 동영상 사이트에서는 수익지급 모델을 제시하고 있다. 동영상 조회 수 5만 회 이상부터 1 클릭당 5원씩이라는 기준도 있고, 일정 자격이 되는 동영상 채널 소유주에게 유튜브와 협약 하에 광고수익을 제공하기도 한다. 일정한 조회 수 이상부터 1클릭당 1원씩으로 책정되는 경우도 있다.

유튜브 등의 동영상 사이트에서도 인기 콘텐츠를 산다?

맞다. 동영상 사이트에 사람들의 유입이 필요할 경우 그 사이트에서는 방송국이나 콘텐츠 제작자들, 연예기획사들에게 제안하고 그들의 콘텐츠를 사들인다. 직접 구매해서 상영하는 경우도 있고, 채널을 제공하고 광고료 형태로 동영상사이트가 콘텐츠 제작사에게 지급하는 경우도 있다.

그래서 콘텐츠가 돈이다. 인터넷방송 BJ들은 콘텐츠 제작자다. BJ가 만드는 콘텐츠는 조회 수에 따라 엄청난 가격에 판매된다. 인기 BJ의 콘텐츠는 고정 비용을 돌려받아 수익을 내기도 한다. 재미있는 영상은 여러 사람에 의해 페이스북 등으로 옮겨지며 조회가 폭발적으로 늘어나기도 하는데 이 경우에도 영상 조회 수당 광고 수익료가 지급된다.

동영상 퍼가기로 여러 곳에 퍼졌을 경우에도 영상 재생 시에 광고가 표시되는데 이게 노출되면서 광고수수료가 콘텐츠 제작자에게 지급되는 방식이다. 동영상에 대한 광고료 수익 지급은 유튜브 외에도 여러 동영상 사이트에서 시행 중인 일반화된 제휴방식이다.

인터넷방송에는 BJ와 시청자들이 사용하는 특별한 용어들(자료 인용출처: www.google.co.kr 외 필자 주)이 있다. 그래서 인터넷방송을 보게 된 지 얼마 지나지 않은 사람들은 채팅창에 오가는 용어들을 보면서 도대체 이게 무슨 소리인가 궁금하게 되는데 이번 기회에 여러 가지 용어들에 대해 알아두도록 하자. 인터넷방송 BJ인데 시청자들이 올리는 메시지의 내용을 이해하지 못한다면 그것도 좀 이상하지 않은가?

인터넷방송 사이트의 수는 많다. 지금도 계속 생겨나는 중이다. 가령, 디오데오, 인라이브, 바다사랑방송국, 라디오21, YBM FM, 가요114, 아프리카, 밀레, 붐캐스트, 장풍스테이션, 팡팡TV, 젬큐, 게임온에어, 마이FM24캐스트, 유원캐스트, 크레이지원앰프, 네이션8012, CJ 카페, 아쿠스, 이엠캐스트, 지지아나 등이 있다. 개인 인터넷방송국도 있고 진행자를 모집해서 개별 방송국으로 운영되는 사이트도 있다.

유료 아이템을 시청자들에게 판매하고 시청자들이 자기가 좋아하는 BJ들에게 선물할 수 있는 사이트들도 꽤 있다. 유료 아이템의 명칭은 워낙 많고 제각기라서 일일이 열거하기엔 무리수가 있는데 한 개당 가격은 100원 정도이고 이걸 BJ에게 선물하면 BJ와 방송사이트가 일정 비율로 나눠 갖는다. 6:4 또는 7:3 또는 8:2 의 비율로 BJ의 몫이 더 많다.

시청자들과 BJ가 주고받는 채팅 중에 단어의 뜻이 애매모호한 경우가 많다. 인터넷방송에서 자주 사용되는 채팅용어를 알아두자.

'건빵'이란 BJ의 방송을 보면서 유료아이템을 BJ에게 선물하지 않은 시청자를 말한다. 단 한 개라도 선물을 하면 건빵에서 벗어난다. 건빵인지 아닌지 아는 방법은 채팅창에 올라오는 메시지 글자 색상을 보면 알 수 있다. 대가 검은색만으로 이뤄진 글자 메시지를 말한다. 오래 전에 모 인터넷방송 사이트에서 일반 시청자들의 아이콘 표시로 사용하던 이미지가 같은 모양이었다는 데서 유래했다. 주로 유료아이템을 선물하지 않는 시청자들을 낮춰 부르는 용어다.

'만두'란 유료아이템의 개수가 10002개를 말한다. '만이'개라고 부르기도 그렇고 '만둘'이라고 부르기도 애매하지 않은가? 부르기도 귀엽고 애칭삼아 '만두'라고 부른다. 모 인터넷방송 사이트에서 한 번에 선물할 수 있는 유료아이템의 수는 30,000개라고 알려져 있다.

'브금'이란 인터넷방송용 언어를 넘어 광범위하게 사용되는 용어다. 백그라운드뮤직 Back Ground Music 의 머릿글자를 비지엠 BGM 이라고 하는데 이 알파벳 발음을 글자 그대로 붙여 읽은 게 '브금'이다. 방송을 보던 시청자가 "지금 나오는 브금이 뭐예요?"라고 물어본다면 그건 배경음악을 알려달라는 얘기다.

'○○업'이란 단어도 자주 등장한다. BJ의 이름을 붙여서 '아무개 업'이란 의미인데 해당 BJ를 응원한다는 시청자들의 의사표시다. '빅터리'라는 BJ가 있다고 하자. 채팅창에 '빅터리업'이라고 쓰거나 'ㅂㅌㄹㅇ'이라고 쓰면 '빅터리 업'이란 뜻이고, 'BJ 빅터리를 응원한다'는 이야기와 같다. 영어단어에 '치어 업Cheer Up'에서 유래된 '업'이란 단어가 포함된다.

'영정각'이란 BJ의 아이디가 해당 인터넷방송 사이트에서 방송을 할 수 없도록 '영구정지'된다는 의미다. 주로 엽기적인 방송이나 욕설방송 등을 하는 BJ들이 주로 해당된다. 영구정지가 된다는 의미에서 '각'이란 카메라의 '각도'라는 단어에서 비슷한 의미로 '영구정지가 될 만한 내용이다'라는 의미로 붙여 사용된다.

단어의 초성으로만 표현할 때는 'ㅇㅈㄱ'이라고도 쓰는데 인터넷방송 등에서 유난히 초성체 사용이 늘어나면서 'ㅇㅇ'은 '응'이란 뜻이고, 'ㅎㅇ'는 'High하이'의 표현으로 인사하는 의미다. 때로는 '~가는 건가요?'란 의미에서 '가나요?'라는 단어를 자주 쓰는데 이걸 줄여서 'ㄱㄴㅇ'라고만 쓰기도 한다. 'ㅇㅈㄱ ㄱㄴㅇ'라고 쓴다면 "영정각 가나요?"란 뜻이고 그 의미를 풀어서 쓰면 '오늘 이 방송 영구정지 되는 건가요?'라는 뜻이다.

'어그로 끌다'는 영어단어의 'Ugly^{어글리:못생긴}'에서 온 표현인데 다른 사람의 관심을 끌기 위해서 이상한 행동이나 메시지를 채팅 창에 올리는 행동을 말한다. 주로 인기 BJ방송에 와서 자기의 방송 아이디를 대화명(닉네임)으로 정하고 메시지를 올리면서 자기 방송 홍보를 하는 사람들에게 해당된다. 또는 BJ를 폄하하는 말을 자꾸 반복하면서 다른 시청자들에게 욕을 먹기를 자초하는 사람들도 해당된다.

'쩐다'는 '지독하다' 또는 '대단하다'는 두 가지 의미로 사용된다. '어그로 쩐다'라고 말하면 '관심받으려고 하는 행동이 진짜 싫다'라는 의미인데 비해서 '영어실력 쩐다'라고 말하면 '영어실력이 대단하다'는 의미로 사용된다.

'밀방', '생방', '녹방', '합방', '방종', '중계방' 등의 용어는 모두 방송에 관련된 단어다.

'밀방'은 BJ의 밀어주는 방송이란 의미이고, 생방송은 생방, 녹화방송이면 녹방, BJ들이 모여 방송하면 합방, 방송을 마치면 방종, 어떤 BJ가 다른 BJ 방송창을 자신의 방송국에서 중계해서 보여주면 중계방(송)이 된다.

‘백두산 타기’는 시청자가 BJ에게 유료아이템을 선물할 때 1개부
터 2개, 3개 식으로 100개까지 순차적으로 선물하는 방식을 말한다.
1부터 100까지 숫자를 다 더하면 5050개가 된다.

‘물타기’란 시청자들이 채팅창에 똑같은 단어를 써대는 걸 말한
다. 마치 물 흐르듯 한 개의 단어만 스크롤 되는 모습을 빗댄 말이다.

‘겜방’, ‘음방’, ‘영방’은 게임을 보여주는 방송, 음악을 틀어주는
방송, 영화를 보여주는 방송으로 구분된다. ‘미션방’도 있는데 유료
아이템을 선물하고 BJ에게 노래를 불러달라거나 춤을 춰달라 식으
로 미션을 부탁하는 시청자들이 있다.

‘극혐’이란 극도로 혐오스럽다는 의미다. 그 의미를 더욱 강조할
때 쓰는 단어가 ‘개’가 있는데 ‘개극혐’이란 단어는 ‘매우 극도로 혐
오스럽다’ 정도의 의미가 된다. ‘개’라는 단어의 어감상 좋지 않으면
‘캐’라는 단어를 붙이기도 한다. ‘캐달달’이라고 말하면 ‘매우 달달하
다’는 의미가 된다.

‘브압’이란 단어는 특정 시청자를 일컫는 단어로 VIP를 우리말 발
음상 소리 나는 대로 부르는 단어다. 주로 BJ 팬클럽이 있을 때 ‘회
장’ 등을 말한다.

‘대륙’, ‘원주민’ 등의 단어는 인터넷방송을 처음 선점했던 아프리카TV를 일컫는 단어다. 2015년 연초에 MBC에서 방송한 마이리틀텔레비전 프로그램 중에 연예인 BJ들이 방송하던 채팅창에는 ‘원주민들이 몰려왔다’는 시청자들의 글들이 올라왔는데 아프리카TV 시청자들이 왔다는 의미로도 사용된다.

‘폴리스’란 단어는 인터넷방송 사이트마다 운영하던 모니터링 직원을 말한다. 인터넷방송을 다니며 자체 방송규정에 맞지 않는 방송을 하는 BJ가 있다면 채팅창에 경고 메시지를 남긴다. 경고가 제대로 적용되지 않으면 아이디를 정지시키거나 방송중단까지도 가능하다.

이 외에도 ㄴㄴ는 NO라는 거절의 의이고, 영어의 ‘NO(노)’를 사용해서 ‘노잼’은 재미없다, ‘노답’은 답이 없다는 식으로 사용된다. ‘멘붕’은 ‘멘탈이 붕괴’된다는 얘기로 충격적이라는 의미이고, ‘갈비’는 갈수록 비호감이란 뜻이며, ‘존잘’은 매우 잘생겼다는 의미로 사용된다. ‘볼매’는 볼수록 매력있다, ‘광클’은 빨리 클릭하는 것, ‘므훗’은 ‘흐뭇’과 다른 의미로 ‘야한 생각으로 이상한 기분’이란 표현에서 사용한다.

그 외에도 청소년들이 주로 사용하는 용어 중에서 조금 더 소개하자면 ‘스압’은 모니터 화면상 스크롤 내리는 게 길다는 의미이고, ‘SC’는 ‘쎈 척’한다는 얘기이며, ‘엄빠’는 엄마 아빠, ‘노페’는 노스페이스란 뜻이다. '설ㄹ;'는 설레게 해주는 댓글(리플)이란 뜻이다. '문상'은 '문화상품권'이란 줄임말이며, '자삭'은 자기가 올린 글을 스스로 삭제하는 것을 말한다. '귀척'은 '귀여운 척'을 말하고, '열폭'은 열등감이 폭발한다는 의미이고 '컴싸'는 컴퓨터 싸인펜이다.

'와방 좋아'의 '와방'은 '매우'라는 강조의 의미다. '졸팅'은 채팅하는데 졸린 상태라는 의미, '눈팅'은 댓글을 안 쓰는 사람들, 'ㅉㅇ'은 짜증난다는 표현이다. 그리고 욕을 초성체로 쓰는 경우도 종종 있는데 'ㅅㅂㄹㅁ' 또는 '섐'은 같은 욕이다. 채팅창에 자주 보이는 단어로는 이 외에도 '쿨럭' 또는 '켁' 등의 표현이 있는데 '당황스러움'을 나타내는 말이고, '조낸, 죠낸, 죠난' 등의 단어는 '굉장히', '진짜로'라는 강조의 의미다. 물론, 그 어감이 남자의 성기를 지칭하는 단어에서 비롯된 말이다.

끝으로 몇 가지 더 추가하자면 []라는 표현이 있는데 이것은 '난... 그랬던 거였어... 이런 제길'이란 의미와 같고, '나 요즘 버닝 중이야!'라고 한다면 뭔가에 흠뻑 빠졌다는 얘기다. '뻘쭘하다'는 민망하다는 표현이며 '뽀대난다'는 멋있다는 뜻, '뽐뿌'는 좋은 물건을 사고 싶은 욕구의 의미로 사용된다. 그럼 청소년들이 말하는 'DB'는 뭘까? 그건 '담배'라는 뜻이다.

청소년들이여, 금연합시다! 담배 피우면 키 안 큰다!

시청료가 쌓이는 방송시간 공략법

인터넷방송 BJ는 직업이다.

오직 전업 BJ 스타일, 본업 따로 두고 BJ는 서브잡 스타일, 취미활동 스타일, 전적으로 콘텐츠 생산을 노리며 사업으로 펼치는 스타일~~ 등등이 있다. 형태가 다르고 활동 시간이나 분야가 다르게 보이지만 수입을 목적으로 한다는 점에서 직업이 된다.

그래서 BJ를 살펴보면 대략 위와 같이 구분할 수 있다. 전업으로 하는 사람들도 있는 반면에 본업은 따로 두고 서브직업으로 하는 사람들이 있고, 직업(돈)과는 무관하게 취미로만 하는 사람들도 있지만 그렇게 많진 않다. 혹은, 아예 인터넷방송을 하는 사업자등록을 내고 사업 활동처럼 투자하는 사람들도 많이 있다는 점을 알아두자.

"BJ하면 돈을 버나요?"

많은 사람들이 사실 제일 궁금하게 여기는 점이다. 필자도 처음엔 이 부분이 궁금했는데, 지켜본 결과, BJ들은 돈을 버는 게 맞다. 세부적인 여러 BJ들의 전략에 대해선 이어지는 글에서 설명할 텐데, 우선 그들의 수입활동은 꽤(!) 엄청나다는 점을 알게 되었다.

가령 아프리카TV에서 시청자들이 BJ에게 선물하는 '별풍선'은 한 개에 100원인데, 아프리카tv 회원이 자신의 계정에 충전했다가 나중에 마음에 드는 BJ를 보면 채팅창을 통해서 쏴주게 되는 유료 아이템이다. 그러면 BJ가 별풍선을 받았다가 나중에 환전(?)을 하게 되는데, 아프리카TV랑 BJ가 3:7로 나눠서 BJ가 70원 정도를 갖게 된다.

별풍선 하나 받으면 70원의 수입이 생긴다는 계산이다. 근데 이게 얼마 안 되는 금액 같지만 또 그게 아니다. 보통 100개(1만원) 정도의 별풍선을 쏘는 시청자들이 많고, 500개를 쏘는 사람들이 있으며, 1004개를 쏘는 사람도 있고, 전해들은 이야기이지만 아프리카TV 전설로 남은 BJ의 별풍선 수입이 한 번에 누군가가 쏜 건데 35만 개(3천5백만원)였다는 기록이 있었고 이 기록이 다시 깨져서 38만 개(3천 8백만 원)를 받은 BJ가 등장했다.

근데 이게 또 재미있다. 별풍선 개수에 자신의 마음을 표현해서 BJ에게 전달하는 시청자들이 많은데, 때로는 산(?)도 타니 말이다. 가령. 282(이쁜이), 119(내 마음이 불타고 있어), 28(예뻐), 333(뽀뽀뽀), 1004(천사), 528(오예뻐) 등등이 있고, 별풍선을 순서대로 나열하며 1, 2, 3, 4, 5, 식으로 번호를 매겨가며 쏘는 경우를 가리켜 '등산한다'고도 표현한다.

직접 본 적 있냐고?

있다. 이 책을 준비하며 필자도 인터넷방송 생방을 시청하며 나름 아프리카TV BJ들의 인기를 찾고자 하였는데, 내 눈앞에서도 모모님은 5천개를 받으시고, 또 다른 분은 10,000개를 받으시더라. 그것도 얼마 안 되어 10,000개를 세 번이나 받는 광경도 목격했다.

(30,000개 = 3,000,000원, BJ 수익은 2,100,000원정도)

누구는 한 달 내내 직장 다니며 월급 300만원 받는 사람들도 많은데 이건 정말이지 엄청 부러운 일이다. 누구는 한 달 내내 야근하고, TV 드라마의 '장그래'처럼 세일즈도 해야 하고 고생하는데. 누구는 30분 만에 그 돈을 벌어? 우앙. 뭐 이렇게 생각할 수도 있다. 아무렴, 그렇고말고.

그런데, 필자도 그 BJ들을 보며 '우아! 연 수입 3억 원이라는 게 거짓이 아니네!!' 생각했는데, 조금 더 자료를 찾아봤더니 아프리카 TV BJ라고 해서 모두 돈을 잘 버는 건 아니었다. 그 BJ들이 돈을 벌려면 별풍선을 많이 받아야하는 건데, 그게 사실 쉽지가 않다. 이어지는 글에서 그분들이 돈을 어떻게 버는지 이야기해보자.

BJ마다 인기를 얻는(별풍선을 받는) 전략이 있다?

시간대 공략형, 애교몰두형, 스트레스해소형, 게임보여주기형,

섹시형, 인터뷰형, 미모 가꾸기형, 팬클럽 조성형, 엽기방송형, 먹방형 등.

아참, BJ들에 대해 먼저 말하고 넘어갈 것은 그들이 시청자들에게 받은 별풍선을 자기가 다 갖는 게 아니라 다른 BJ에게도 나눠준다는 점이다! A가 방종(방송을 끝낸다는 용어)하고 B에게 가서 별풍선을 주는 식이다. 그럼 B는 A랑 친구가 되겠지? 그러면서 A랑 B가 합방(공동방송)도 하고 친해진다. 실제 아프리카TV BJ들 중에서는 이런 식으로 연인이 된 커플도 있다는 사실!

-한편, BJ들이 겉으론 연인인데 어떤 의견으로는 콘텐츠를 생산하기 위해 의도적으로 접근해서 서로 연인이 되는 경우도 있다고 한다. 가령 커플이 해야 하는 인터넷게임을 중계해야 한다거나, 자기 방송에 예쁜 BJ가 필요하다거나 등등의 경우라고 한다.-

다시 본론으로 돌아와서, 아프리카TV BJ들의 별풍선 수입 전략에 대해 살펴보면, 일반적으로 위에 적은 방식이 많다. 시청자들에게 마치 연인처럼 아니면 친한 동생처럼 대하며 카메라(모니터)를 두고 뽀뽀 시늉도 하고, '오빠'라고 불러주기도 하고, '욕'도 거침없이 나누며 B급 방송을 선보이는 사람들도 많다. 이에 반해서 '비속어 안 쓰고, 야한 얘기 안하고! 청정방송'을 하는 사람들도 있다.

어떤 BJ는 영어방송을 하며 온라인학습을 하기도 하는 반면에 최근 추세라면 '먹방'이 대세다. 예쁘게 생긴 여자 BJ가 엄청난 식성을 선보이며 시청자들을 놀라게 할 정도로, 먹어대는 방송을 보이기도 하고, 어둠의 형제들로 보이는 남자 BJ가 카메라 앞에서 먹는 모습을 보이기도 한다. 그러면 시청자들은 놀라기도 하고 신기해하기도 하며 별풍선을 선물한다.

그런데 별풍선 수익이 많은 인기 BJ를 보면서 느낀 점은 방송시간대가 일정하다는 점이다. 매일 밤 10시 이후부터 시작해서 새벽 2시 사이까지 하는 경우인데, 왜 이때 방송을 하지 생각해보면 그 답을 알아내기 어렵지 않다.

생각해보자. 그 시간대는 회사 다니는 20대 후반~30대 중반 삼촌들이 야근 마치고, 회식 마치고 귀가해서 휴식할 타임이기에! 상대적으로 귀여운 여동생에게~ 이상형 여인에게 선물을 줄 수 있는 경제력을 갖춘 시청자들이 모이는 시간대라는 점이다. -실제 BJ들 방송을 보다보니 몇몇이 방송에서 시청자들과 채팅창을 읽어주며 방송에서 대화하며 'ㅇㅇ님, 오늘 술 드시고 오셨어요?'라며 스스럼없이 질문하는 모습도 보게 된다.-

이른바 '캠빨'이 중요하다.

혹시 아는가? 여자들이 카메라에 얼마나 민감한지, 그리고 조명이 얼마나 중요한지 아는가? 이 글 보는 독자 중에 여자들의 경우에 BJ를 하고 싶다면 노력해보자. 카메라 성능 좋은 거 장만하고 특수조명 설치하고 컴퓨터 앞에 앉아서 조명은 45도 위에서 아래로, 카메라는 화이트밸런스를 최대한 조도를 높이고 모니터에 비춰지는 얼굴을 보자.

난데없이 백설공주가 보인다면 성공이다. 그런데 여기서 끝이 아니다. 반드시 이번엔 '메이크업빨'이 필요하다. 색조화장을 해야 하는데, 붉은 톤 틴트와 눈썹, 볼터치 그리고 약간의 컨실러로 피부를 정

좌) 조도 설정 전 우)조도 설정 후

리해보자. 보이는가? 맞다. 여러분들은 어느 순간 인터넷방송계의 새로운 여신으로 등장할 수 있다. 참고로 긴 생머리 헤어스타일을 한다면 더더욱 최고다. 짧은 단발이라면 붙임머리라도 해보자. 노력한 만큼 별풍선이 보답할 것이 확실하다.

그리고 BJ를 하게 되면 시청자들이 선물한 별풍선 1개부터 성심껏 방송에서 읽어주자. 1개는 100원이지만 별풍선 1개 쏘던 시청자가 점진적으로 10개, 100개도 쏜다는 거 잊지 않아야 한다. 일부 BJ들이 스티커나 초콜릿은 안 읽어주는데 비해서 별풍선은 1개라도 꼬박꼬박 읽어주는 이유가 될 거라는 생각이 들어야 한다.

그리고 하나의 직업군이 되며 BJ들을 체계적으로 관리하는 회사(?)도 등장했다. 구인구직 인터넷사이트에 보면 '집에서 방송하실 분'을 찾는 공고도 볼 수 있다. 아예 회사에서 BJ가 될 직원들을 모집하는 건데, 면접 보고 뽑아서 계약하고 컴퓨터 장비 갖춰주고 회사에서 매니저 역할 대행하면서 방송하는 경우다.

그래서 이 점에 대해서도 알게 모르게 전해지는 풍문(~카더라)이 있는데, 채팅창에서 '별풍선'을 쏘는 시청자들 중에는 매니저 또는 회사에서 쏴주는 게 있다고도 한다. BJ 광고용으로 쏘는 셈이다. 채팅창에 있는 사람들이 자신의 눈앞에서 BJ가 선물을 받는 걸 보고, 그 BJ가 리액션을 선보이며 즐거워하는 모습을 보게 되면 어느 순간 자신도 별풍선을 쏠까? 생각하게 되는 이유다.

그래서 인기가 많은 BJ는 영상편집감독 1, 촬영 1, 채팅창 매니저 1 정도로 급여 주는 직원(?)을 두고 영상을 전문적으로 만들어서 전업으로 사업을 하는 경우도 흔하다. 인터넷방송하고 영상으로 편집해서 유튜브에 올려두면 사람들이 그걸 블로그나 페북이나 카카오스토리, 트위터에 퍼 나르면서 그 BJ를 알려주는 효과까지 얻으니 말이다.

물론 'BJ'라고 하면 시청자들에게 받는 별풍선으로 살아가는 사람들인 것만은 아니다. 그들을 지켜본 필자의 생각으로는 오히려 BJ들에게 응원의 메시지를 전하는 마음이다. 어느 BJ는 근8년에 이를 정도로 오래 활동하였고, 요즘 인기 얻는 BJ들도 4년 내지는 매일매일 일정한 시간을 컴퓨터 앞에 앉아서 사람들이라서다.

이를테면 노력에 대한 보상이라고 생각될까?
사실 대중 앞에 얼굴을 내놓고 방송을 한다는 건 쉬운 게 아니다. 그럼에도 별의별 얼굴 모르는 사람들과 마주하며 오랜 시간 방송을 한다는 건 온전히 그들의 노력과 끈기라고 인정해야할 것이다. 필자도 방송을 지켜봤더니 '시청자들의 고민상담'도 해주고, '대화'도 하면서 '노래'도 해주는 걸 보게 되었다. BJ들의 말 한마디에 힘을 얻는 시청자들도 있었고, 남들에게 말 못하는 고민을 터놓고 꺼내는 사람들의 모습을 보며 한편으로 BJ들이 좋은 일을 하고 있다는 인상을 갖게 되었던 점이다.

그리고 BJ들에게 주는 별풍선도 시청료의 개념과 같다. 사람들이 집에서 TV를 보면 시청료를 내지 않는가? 케이블이나 지상파나 한 달에 얼마 해서 내는 돈이 있다. 저렴하다고? 그 대신 광고를 보는 것 아닌가? 그리고 여러분이 좋아하는 친구 있으면 선물도 해주고 그러지 않는가? 인기 스타 팬이 되면 앨범도 사고, 그 스타가 광고하는 제품에 더 눈이 가게 되고 쇼핑도 하지 않는가? 그런 의미에서 보면 BJ들에게 쏘는 별풍선이란 건 시청료 내지는 스타와 팬의 관계에서 콘텐츠 구입(?) 등으로 생각될 수 있을 것 같다.

자, 그럼. 여러분도 BJ가 되어 수익에 도전해보는 건 어떨까? 많은

BJ들이 있지만 여러분만의 아이디어와 독창성이 있다면 여러분들도 인기 BJ가 될 수 있다.

04 방송시간이 중요해!

인터넷방송의 핵심 중에 하나는 방송시간이다. 방송시간에 따라 시청자들이 몰리고 안 몰리고의 차이가 있다. TV 라디오의 편성표를 생각하면 비슷하다. TV 앞에 앉을 수 있는 사람들을 조사하고 그들을 위한 프로그램을 만드는 게 시청률에 도움이 된다. 인터넷방송도 마찬가지다. 당신이 만들려는 콘텐츠를 생각하고 그 콘텐츠를 가장 필요로 하는 사람들(시청자들)은 누구이며 그들이 언제 시청할 수 있는지 염두에 둬야 한다.

가령, 청소년 학생들은 아침 7시부터 오후 5~6시까지 학교에 있다. 이들은 BJ의 방송을 보고 싶어도 못 본다. 기껏해야 점심시간대에 잠깐 볼 수 있다. 이들을 위한 콘텐츠는 언제 방송하는 게 좋을까? 주부 대상 방송은 언제 방송하는 게 좋을까? 20~30대 남자들을 위한 방송은? 40대 이상 중년층 시청자를 위한 방송은? 50대 이상 장년층과 60대 이상 노년층 시청자를 위한 방송은 언제 해야 할까?

방송 시간대가 중요하다. 아무리 좋은 콘텐츠를 만들어도 그걸 필요로 하는 시청자들에게 보이지 않으면 아무 쓸모가 없어진다. 방송을 하려면 시간대를 공략해야 한다. 시청자들이 모바일 화면을 켜고, 컴퓨터를 켜서 방송에 들어올 수 있는 시간대를 정해야 한다.

만19금 방송설정부터 만29금 방송 만들기까지

성인 콘텐츠로써 술을 마시는 영상이 나오면 만19금 연령제한을 걸고 방송해야 한다. TV의 경우 밤 11시 넘어서 방송하는 것과 같은 경우다. 술 광고도 밤 11시는 되어야 TV에서 나오는 것과 같다. 담배는? 담배 피우는 장면은 방송할 수 없다. 담배를 피우더라도 모자이크 처리를 해서 안 보이게 흐릿하게 처리해야 한다.

그런데 BJ들 중에는 만29금 방송을 내세우며 조금 더 찐한 어른들만의 이야기에 대해 방송하는 경우가 있다. 밤 12시를 넘긴 시각에 주로 방송되는데 새벽 1시나 2시가 되면 그때까지 잠을 안 자고 방송을 보는 시청자들을 위해 어른들만의 이야기로 방송을 진행한다. 대부분 유부남과 유부녀에 대한 이야기로 결혼한 남자 여자를 상대로 하는 이야기다.

만19금이 만29금이 되면서 달라진 점?

사실은 만19금 방송으로 설정해도 보려고 마음먹으면 어떻게 해서든 방송을 보는 사람들이다. 만19금으로 술 마시는 장면의 영상을 만들었다고 해도 BJ들이 이 영상을 유투브 등의 동영상 사이트에 올리면 만19세 이하라고 해도 누구나 시청가능하다. 어떤 BJ가 만19금 내용으로 방송을 했다고 한다면 며칠 후 유튜브에 가보자. 또는 와이고수, 디씨인사이드, 인스타그램 등등에서 시청할 수 있는 영상들이 돌아다니는 걸 어렵지 않게 볼 수 있다. 페이스북에서 만나는 영상은 숫자를 일일이 세기도 어렵다.

그럼 BJ들은 왜 만19금 방송과 만29금 방송으로 구분을 지을까?

그 이유는 콘텐츠 홍보를 위해서다. 주로 여자 BJ들이 진행하는 방송국에서 만드는 콘텐츠들인데 그 내용을 보면 사실 뭐 별 게 없다. 야한 이야기를 재미있게 포장해서 시청자들과 대화 내용에 끼우는 정도다. 심지어 어떤 BJ는 자기가 만29세가 아닌데도 자기가 만드는 콘텐츠를 만29세용이라고도 말한다.

그렇게 BJ들이 만19세와 만29세로 구분 짓는 이유는 다름 아닌 시청자들을 염두에 두기 때문이다. 밤늦도록 잠 안 자고 방송을 보는 어른들이라면 누굴까? 생각해본 적이 있는지? 회사에 다니지 않는, 또는 회사에 다니더라도 내일 아침 일찍 9시까지 출근할 걱정 없는 사람들이다. 회사 임원이나 사장진들에 가깝다.

또는 자영업자들이다. 아침 10시나 11시에 문 열고 영업하는 사람들은 밤 늦은 시각까지 일하다가 귀가했기 때문에 씻고 잠자리에 들어 잠자는 시간에 잠깐 방송을 볼 수 있다. 이들에게 필요한 건?

맞다. 하루 스트레스를 확 날리게 해줄 조금은 야하더라도 재미있는 이야기가 좋다. 그것도 여자 BJ가 해주는 이야기라면 왠지 모르게 호기심이 더 끌리고 기대를 하게 된다. 시청자들이 늦은 시각까지 컴퓨터를 끄지 못하고, 스마트폰을 닫지 못하고 잠자리에서 보고 즐기는 이유다.

중·고등학생들을 위한 모범생활 방송 만들기

그렇다면 반대로 학생들을 위한 콘텐츠를 노려볼 만하다. 다른 BJ들이 20대 후반에서 30대 젊은 직장인들이나 자영업자들처럼 일정한 소득수준이 되는 시청자들을 대상으로 방송을 한다면 나머지 시청자들인 청소년층 학생들을 상대로 콘텐츠를 만드는 게 더 유리할 수 있다. 내가 만들 수 있는 콘텐츠를 청소년용으로 만들어서 방송한다면 더욱 인기를 얻을 수도 있다.

이를테면, 그 콘텐츠는 굳이 학습용이거나 학원용이 아니어도 된다. 청소년 시청자들이 점심시간에 잠깐 볼 수 있을 정도도 좋고, 아침 등굣길이나 쉬는 시간에 머리도 식힐 겸 짬짬이 볼 수 있는 스트레스 해소형 콘텐츠면 더 좋다.

'학생들이니까 영어학습이나 공부에 도움 되는 콘텐츠를
만들어야 그들이 시청하지 않을까?'

아니다. 당신이 인터넷방송에서까지 학습콘텐츠를 만들지 않아도(그렇다고 수능시험에 모두 출제되는 최고의 족집게 콘텐츠도 아니므로) 학생들은 이미 학교와 학원과 문제집 등에서 엄청난 양의 학습 콘텐츠에 짓눌려 있다. 그들에게 당신마저 학습하라고 콘텐츠를 만들면 청소년 시청자들은 당신에게 가까이 오려고 하지 않게 된다.

공부에 직접적으로 도움 되는 '공부하라는 콘텐츠'보다는 '공부하는데 뜨겁게 된 머리'를 식힐 수 있고 스마트폰에서 잠시 잠깐 보고나서 다시 학교에서, 학원에서 즐겁게 공부할 수 있는 기분전환용 콘텐츠면 더 좋다. 거기에 하나 더 추가하자면 청소년들의 친언니, 친오빠가 되어 시청자들인 그들에게 도움 되는 이야기를 해주는 게 중요하다. 격언이나 이래라 저래라가 아니다. 청소년들인 그들의 고민을 진지하게 들어주고 그들이 자기 결정을 할 수 있도록 따뜻한 충고를 해주는 게 중요하다.

시청자들과 가까워야 한다면서 청소년들과 지나치게 어울릴 필요는 절대 없다. 그들은 당장은 'BJ가 너무 웃겨'라고 다가올지 몰라도 '무슨 BJ가 이래?'라면서 돌아설 수 있다. '우리들이 알던 어른이 아니네!'라며 돌아서고, '우리에게 진짜 어른을 필요해!'라며 돌아갈 수 있다. 당신이 친구가 되려던 청소년 시청자들과 친구가 되는덴 성공했지만 당신이 잊은 게 하나 있다. 그들은 공부를 하는 중이고 얼마 지나지 않아 진짜 어른과 진짜 선생님을 만나러 간다는 점이다. 당신은 가볍지만 그들은 무겁게 되는 사람들이란 점이다.

그래서 청소년 시청자들을 위한 모범생활 방송은 학습용 콘텐츠 방송이 아니다. 그들이 자신의 문제에 대해 스스로 결정을 내릴 수 있도록 따뜻한 조언을 해줄 수 있는 방송이 되어야 한다.

아무 것도 모르는 사람은 질문을 할 수가 없다. 뭐라도 알아야 질문을 할 수 있다. 사람들이 세상에서 찾는 건 답이 아니라 질문이다. 자기랑 같은 질문을 가진 사람을 찾아서 그 사람이 어떻게 문제를 해결했는지 듣고 싶어한다. 답을 가진 사람을 찾아서 답을 알려달라고 하는 사람들이 아니다. 그래서 알기 위해 질문을 하고, 공부를 하면서 질문을 한다.

시청자들이 질문이 없다는 것?

그건 당신에게 알고 싶은 게 없다는 얘기와 같다. 중고생들을 위한 콘텐츠를 만들고 싶은가? 그렇다면 그들에게 먼저 다가가서 그들의 고민을 들을 준비를 해야 한다.

'내가 너희들의 고민을 진지하게 들어줄게! 어서 말해다오!'

물론 이건 아니다. 그들의 진지한 고민을 들어주려면 그들의 문화 속으로 들어가야 한다. 그래야만 청소년들이 부모나 선생님에게 털어놓지 못하는 고민들을 당신에게 털어놓기 시작한다. 문화가 같아야만 마음을 열기 때문이다. 같이 어울리는 또래들끼리 대화가 많은 이유다. 또래를 벗어나면 선배이고 어른일 뿐이라서 자기들의 고민을 쉽게 이야기하지 않는다.

"자, 오늘 첫 방이에요. 시청자들분 오셨네요? 한 10분 되나요?
청소년들이시죠? 우리 지금부터 재미있고 유쾌한 시간 시작할게요!
오늘 방송의 이야기 시작은 '공부가 잘 안 되는데 같은 반에
여자애 얼굴이 자꾸 생각나요! 이럴 땐 어떻게 할까요?'로
해볼까요? 여러분들이 생각하고 있는 이야기랑 BJ가 생각하는
이야기랑 서로 나눠볼게요."

이야기는 청소년들의 이성교제로 시작했지만 방송이 진행되다 보면 어느새 이성교제와 공부학습능력에 대해 이야기하는 걸 확인하게 된다. BJ로서도 그들보다는 나이가 많고 연애 경험을 해본 적이 있는지라 시청자들과의 대화에 어려운 점도 많지 않다. 시청자들의 고민이 풀리면서 자연스럽게 공부 쪽으로 이야기가 연결될 수 있는 방식이다.

유튜브(www.youtube.com)는 BJ들에게 황금 가득한 파라다이스다? 맞다. 인터넷방송은 필수적으로 방송영상이 남는데 이걸 재미있게 편집해서 유튜브에 업로드하고 거기서 인기를 끌 경우 광고수입이라는 부가수입을 얻을 수 있다.

“인터넷방송도 초보 BJ인데 유튜브까지 하려면 너무 어려워요!”
“영상 편집도 모르는데 어떻게 해요?”

인터넷방송을 하다 보면 영상 편집은 굳이 따로 할 필요가 없다. 방송을 마치면 그게 자동적으로 영상으로 저장된다. 방송을 켜면서 영상에 대해 ‘녹화하기’ 또는 ‘녹화 안 하기’로 설정만 해주면 된다. 방송영상이 되면 그걸 그대로 유튜브에 올릴 수 있다. 물론 이때에 저작권에 문제가 될 부분은 빼는 게 문제인데 다른 사람이 만든 음악이나 노래, 다른 사람의 얼굴이나 영상물 등은 저작권 침해 소지가 있으므로 주의해야 한다.

“BJ가 말하는 이야기나 시청자들이 올린 질문에 대답하는 건요?”

된다. 하지만 다른 사람이 만든 글이나 영상, 음악 등은 저작권 침해 소지가 있으므로 가능한 BJ가 직접 말하는 내용만 사용하도록 해보자. 말솜씨 하나만으로도 충분한 영상이 된다. 그리고 영상편집이라고 해서 어려운 게 아니다. 나중에 단락에서 소개하는 부분이 있으므로 여기서 자세한 설명은 안하지만 영상편집은 컴퓨터 기초 지식만 있는 사람이라도 조금만 배우면 쉽게 하는 분야다.

유튜브에 영상을 올려야 하는 이유는 페이스북이나 트위터, 카카오톡 쪽으로 퍼가기가 쉬워서다. 인터넷방송 시청자들이 계속 유입되고 널리 알려질 수 있는 구조이기도 하다. 이를테면 BJ가 현재 활동하는 인터넷사이트에서만 머문다면 발전성이 없게 되는데 유튜브에 방송영상을 올림으로서 방송이 확산되는 파급력이 생기게 된다.

"언니 방송 유튜브에서 보고 왔어요!"
"누나 영상을 페이스북에서 보고 왔어요!"
"이거 지금 생방인가요? 우아! 영광이에요!"

내 방송 콘텐츠가 재미있고 유익하다면 굳이 내가 내 영상을 옮기지 않더라도 시청자들이 알아서 여기저기 옮겨준다. 각자의 페이스북으로 가져가서 영상을 올리고 그걸 본 사람들이 다시 방송국으로 찾아온다. 인터넷방송을 하는 BJ들의 대화를 잘 보더라도 알 수 있다. 기존의 시청자들이 유지되면서 새로운 사람들이 저점 늘어나는 게 아니라 기존의 시청자들 수가 줄어들더라도 새로운 사람들이 늘어나면서 전체적으로 시청자 수를 늘려주는 셈이었다. 그 중간에 유튜브가 징검다리가 되었던 건 당연한 일이었다.

유튜브 채널 만들기는 필수야

유튜브 채널은 만들기도 쉽다. 유튜브에 가입하고 나만의 채널 만들기에서 내가 자유롭게 정할 수 있다. 인터넷방송 주소랑 비슷하게 해도 좋고, 내 이름으로 하든가, 기억하기 쉬운 알파벳으로 정해도 된다.

유튜브에 채널을 만들었다. www.youtube.com/user/victorleeshow으로 표시될 걸 확인하게 된다. 유튜브에서 접속할 때는 www.youtube.com/victorleeshow만 클릭하면 된다. TV 방송

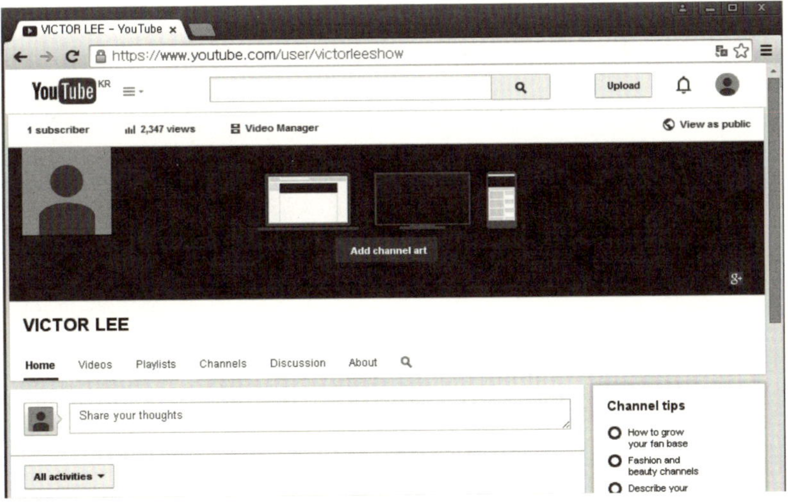

이미지_ 유튜브 채널
출처: www.youtube.com/user/victorleeshow

을 볼 때 숫자로 된 채널과 같은 것이고, 라디오방송을 들을 때 89.2 Mhz 등의 주파수를 찾는 것과 같은 이치다. 인터넷방송의 채널은 도메인 주소로 표시된다.

스마트폰 방송은 보너스야

스마트폰에서 방송하기는 덤으로 주어지는 보너스다. 인터넷방송 사이트에서 만들어둔 어플을 다운로드 받아서 설치하면 내가 가진 스마트폰 한 대만으로도 언제 어디에서나 방송이 가능하다.

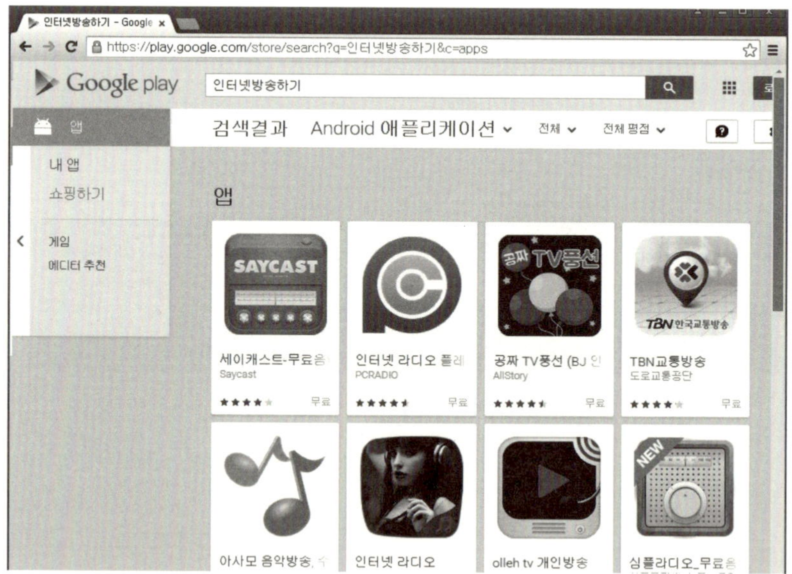

이미지_ 방송어플
출처: https://play.google.com/store/search?q=인터넷방송하기&c=apps

인터넷방송하기 애플리케이션에는 별도의 장비가 없어도 스마트폰 한 대만으로 충분한 방송 기능의 모든 게 갖춰져 있다. 유튜브 어플을 다운로드 받으면 내 아이디를 입력하고 스마트폰 촬영 영상을 바로바로 내 채널에 업로드(행아웃 온에어 서비스)할 수도 있는데 엄밀하게 말하면 이것도 UCC이긴 하지만 실시간으로 무한대의 시청자들과 호흡한다는 점이 방송이라고 할 때 약간 다른 점이 있다.

유튜브 행아웃 온에어를 할 때는 참여자를 선택할 수 있고 시청자들과 채팅은 화상통화인 음성통화로 가능하다. 화면상 문자채팅이 어렵다는 점에서 인터넷방송의 매력이 그만큼 반감되는 단점으로 생각된다.

구독하기는 야근수당이야

유튜브 채널은 구독하기가 된다. 페이스북의 '좋아요'에 비견될 만한 기능이다. 인기 BJ들의 유튜브 채널은 구독자 수가 몇 십만 명에서 그 이상 되는 인원수를 볼 수 있는데 구독하기가 많을수록 채널의 가치가 높아져서 유튜브 검색 시에 노출 빈도나 노출 순서 등에서 혜택을 받는다. 구독자 수가 늘어나면서 새로운 동영상을 올릴 때 일정한 조회 수가 확보된다는 장점도 있다.

구독자 수가 10,000명이 넘으면? 유튜브 채널 구독자 수가 많으

면 유료채널로 변경 가능하다. 마치 유료 TV채널처럼 유료로 운영
될 수도 있다는 점이다! 물론 인터넷방송 BJ 중에는 모든 콘텐츠가
무료로 공개되는 점이 장점이라서 선뜻 유료로 하기엔 시청자 수가
급감하지 않을까 걱정되는 면이 있지만, 언젠가 실제로 BJ가 한 개의
채널을 유료로 운영할 만큼 시청자 수가 많다면 충분히 가능한 일이
다. 유튜브에 BJ만의 유료 채널을 갖는다면 전 세계인이 보는 BJ만의
TV채널을 갖는 것과 같다.

그래서 '구독하기'가 BJ들의 야근수당이 될 수 있다. 회사원들이 일
이 많을 때 퇴근하지 않고 사무실에 남아서 잔업을 하면 야근수당을
주는데 빠듯한 급여생활에서 야근수당은 일을 할 때는 고되지만 급
여통장에 찍히는 금액을 보면 나름 기분 좋은 것도 사실이지 않은가?

'구독자 수'가 늘어날수록 BJ가 만들어야 하는 콘텐츠의 품질에
신경을 써야 하지만 나중에 유료채널이 되거나 또는 광고수입이 점
점 많아지는 걸 통장 잔고로 확인하게 된다면 그 또한 기분 좋은 결
과가 아닌가 싶은 점이다.

BROAD CASTING JACKY

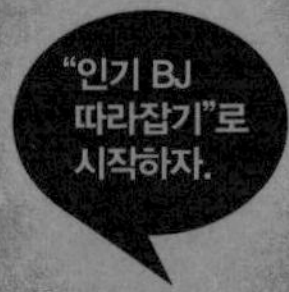

Part.5

최고 인기
BJ의 방송전략

최고 인기
BJ의 방송전략

이제부터 알아둘 내용은 인터넷방송 인기 BJ 고수들이 숨겨둔 방송하기 전략이다. 지금까지 인터넷방송 하기 위한 장비 갖추기, 카메라화면 다루기 등의 기본적인 셋팅 노하우를 배웠다면 지금부터는 실전에서 유용하게 써먹는 인기 BJ 따라잡기의 모든 것이라고 할 수 있다.

"이제부터 정신 바짝 차리고 배우면 누구나 인기 BJ가 되는 거죠?"

여기에 소개되는 전략들은 지금껏 어디에도 공개된 적 없는 BJ들만의 노하우다. 시청자들을 사로잡는 법, BJ의 매력에 빠트리는 법, 시청료 수입을 늘리는 법 정도로 해석될 수도 있는데 보다 궁극적인 목적은 '인터넷방송을 하는 모든 BJ들이 좋은 콘텐츠로 시청자들에게 사랑받게 하자'는 게 취지다.

누구보다도 좋은 아이디어와 콘텐츠를 갖고서 큰맘 먹고 시작한 인터넷방송인데 방송 노하우적인 측면에서 아이디어가 부족해서 시청자들에게 관심을 못 받는다면 그 BJ는 방송을 오래할 수 없을 게 분명하지 않은가? 좋은 콘텐츠를 살리고 사랑받는 BJ들이 더 많이 나오도록 돕자는 취지로 공개하는 각종 아이디어들이다. 물론 여기서 공개하는 아이디어들 외에 방송 진행능력이 숙달된 BJ들만이 구사 가능한 노하우까지 모두 담을 수는 없는 게 당연하다. 초등학생에게 대학생 수업을 가르친다고 해서 그 효과가 없는 거랑 마찬가지다.

다만 여기서 공개하는 방송진행 노하우를 참조해서 각자의 콘텐츠와 방송을 알차게 꾸리는 BJ들이 많아진다면, 그로부터 오래지 않은 시점에 프로급 BJ들만을 위한 인터넷방송 스킬을 공개할 시점이 오리라 기대한다.

01 방송 시작 전후, 시청자들과의 밀당을 즐겨라

인터넷방송을 할 때는 '방송준비'가 매우 중요하다. 방송하겠다고 정한 시각이 되었으니 카메라 켜고 BJ가 화면에 **딱!** 등장해서 바로 시작하는 게 아니다. 그러면 방송도 재미없고 시청자들이 기대할 만한 게 아무 것도 없다. 방송 시작은 '시청자들의 애간장을 졸이면서' 시작해야 한다.

방송을 11시에 시작한다고 게시판에 공지를 했다고 치자. 11시가 되는 순간 기다렸다는 듯이 BJ가 나타나면 진짜 그건 아니다. 재미도 없고 감동도 없고 아무 것도 아니다. 인터넷방송은 시청자들이 BJ보는 재미에 기대를 하고 지켜보는 방송이다. 시청자들이 기다리고 있으니까 빨리 나가야한다는 건 초보들이나 하는 일이다. 프로일수록 늦게 나간다. 이렇게 해야 한다.

방송 시작 시간이 되면 BJ 사진 중에서 예쁘게 나온 사진이나 잘 생기게 나온 사진을 화면에 먼저 띄운다. 시청자들이 모니터에서 BJ의 사진을 먼저 감상하게 해준다. 사진이 화면에 나가는 사이 배경 음악은 BJ에게 어울리는 감성 젖는 노래로 틀어준다. 시청자가 단 1명이건 1천 명이건 마찬가지다

방송시작 시간엔 반드시!!! 사진 먼저 띄워라.

그러면 시청자들이 슬슬 채팅을 올리기 시작한다. 언제 시작하는 거냐, BJ는 왜 안 나오냐, 이 사진 진짜 BJ 사진이냐 등등의 글들을 올린다. 물론 BJ는 사진 화면 뒤에서 이러한 반응들을 체크하고 있어야 한다. 시청자들만 그걸 모를 뿐이다. 시청자들은 BJ를 배려해주며 '아마도 방송 준비를 하나 보네?'라고 여긴다. 그러나 천만에! 방송은 이미 시작된 거다.

방송 중에도 BJ가 사라져라! 그리고 사진을 또 올려라!

시청자들에게 BJ란 만질 수 없는 존재가 되어야 한다. 속담을 비유하자면 '그림의 떡'이 되어야 한다. 주로 여자 BJ들의 여캠방에서 사용하는 방법이긴 한데 여타 다른 BJ들에게도 활용될 수 있는 노하우다.

'BJ가 화장실 갔나 보네. 기다려주자.'

시청자들은 또 BJ들을 배려해준다. 그들이 사랑하고 아끼는 BJ들이라서다. 방금 전까지 모니터 속에서 자기들이랑 얘기하고 놀던 BJ가 화면에서 사라지면 다시 초조해지는 건 시청자들이다.

그 이유는?

맞다. 시청자들은 잠을 자야 한다. 회삿일에 시달려야 한다. 저녁 먹어야 한다. 씻어야 한다. 시청자들 저마다 사정이 있다. 그런데 BJ는 어떤가? BJ는 시청자 입장에서 보다 느긋하다. 방송을 하기 위해 잠도 충분히 자둔 상태다. 시간적으로 시청자들보다 꿀릴 게 없다. 그러면 방송은 전적으로 BJ가 주도권을 잡은 상태가 된다.

사진을 띄워두고 노래 두어 곡을 내보내면 시청자들이 다시 게시판에 글을 올려대기 시작한다. 빨리 나와라, 빨리 얼굴 보여라, 사진 말고 사람이 나와라 등등의 메시지를 올린다. 어느 정도 시청자들의 요구가 게시판에 올라왔다 싶으면 다시 BJ가 나온다. 시청자들은 잠자기 전까지만이라도 BJ를 더 보고 잘 건데 '그깟 사진'만 올려두면 너무 아쉽다는 생각을 하게 된다. 시청자들이 애간장이 타들어갈 때쯤 BJ가 등장해야 그들이 열광한다.

또 사진 띄우고 어디 가지 못하게 막아야 한다는 생각이 스멀스멀 생긴다. 유료 아이템을 선물하게 되는 일들이 벌어진다. 최소한 선물을 받았는데 사진 띄우고 어디 가진 못할 것 아닌가? '노래라도 부르겠지'라는 마음에 선물공세에 나선다. 그렇게 노래를 들은 다음엔 '거 봐 그렇지.'란 안도감을 갖고 방송국을 나간다.

"언니, 저 이제 그만 가서 잘게요."
"누나, 내일 시험이라서 그만 잘게요."
"BJ ooo님, 저 그만 가서 잘 건데 '잘 자라'는 말 한 번만 해주세요."

시청자들이 방송국을 나갈 때 BJ가 살갑게 인사해준다. 그래 오늘 반가웠어! 잘 자! 이 말 한 마디를 통해 시청자들은 그들의 생각이 맞아떨어졌다는 안도감을 갖고 BJ랑 오늘도 행복한 시간을 가졌다는 기쁜 마음을 갖는다.

방송종료(종방) 시점 10여분을 남겼다면 다시 사진을 화면에 띄우고 음악을 틀어주며 BJ는 사라져야 한다. BJ랑 더 방송을 즐기고 싶은 사람들이 아쉬운 여운을 정리할 시간이다. 지금까지 화면에서 보던 실제 BJ의 말소리와 얼굴은 잊고 다시 사진 속 BJ를 기억하게 만드는 노하우다.

왜 그러냐고?

"그 사람 사진으로 볼 때는 진짜 멋있는데 실제로 만나서 대화를 자주 하다보니까 환상이 깨지는 거 있지."

연예인들을 드라마나 영화로 볼 때는 멋있고 좋아하게 되었는데 실제로 어디에선가 봤더니 키도 작고 얼굴도 안 예쁘고 그냥 그렇더라는 사람들이 있다. 사진 속 이미지와 실제 이미지랑 다른 점이 사람들의 환상을 깬다. 사진은 보는 사람이 만든 이미지 속에 남지만 실제 BJ는 대화를 하면 할수록 환상을 잃어버리기 쉽다. 그래서 시작과 마무리는 항상 사진으로 대체해야 한다. 시청자들이 각자 마음 속에 그리고 있는 BJ의 이미지를 충분히 만들도록 여유 시간을 줘야 한다.

절대 고수 BJ의 노하우 1

사진을 띄운 다음엔 BJ도 쉬는 시간을 가져야 한다. 아무리 예쁜 여자라고 해도 서너 시간 동안 내내 얼굴 긴장한 상태로 예쁜 표정 짓는 건 쉽지 않다. 쉴 때는 쉬어야 한다. BJ도 사람인데 채팅창에 기분 나쁜 글을 보거나 하면 감정이 상한다. 하지만 다른 시청자들 앞에서 기분 나쁘다는 표정을 지을 순 없다. 어떻게 할까? 사진 띄우고 잠시 감정을 추스르는 시간을 갖는다.

'참아야 하느니라.' '참자, 참자.'

스스로 머릿속으로 자꾸 되뇌이며 감정을 추스르는 시간이다. 그리고 표정이 살아나고 감정을 조절할 수 있게 되면 사진을 내리고 화면에 다시 짠! 하고 등장한다.

방송을 진행하기 전에 스마트폰 화면과 모니터 화면을 보면서 자신의 방송 화면이 시청자들에게 어떻게 비춰지는지, 화면 속에서 각 소품들은 어디에서 어떻게 보이는지 확인해야 하는 게 기본이다. 그런데 방송 중에는 채팅창을 다루는 것 역시 중요하다.

인터넷방송 사이트마다 방송 화면에 비춰지는 채팅창이 위, 아래, 옆 등의 고정 위치가 있는데 이 경우 각각의 위치에 따라 시청자들의 움직임이 달라진다. 이른바 '시청자들의 눈 동선'이다. 그들이 어디를 보고 있느냐에 따라 BJ들에게 집중하고 있는지 아니면 채팅창 글만 보고 있는지 알 수 있다.

채팅창만 보고 있는 그들은 BJ의 목소리만 듣는 중이고, BJ만 보고 있는 그들은 채팅창엔 신경 안 쓰는 중이다. 이게 문제다. BJ만 보고 있으면 채팅창에 유료선물하는 시청자들이 나와도 자극을 받지 않는다. 채팅창에 시청자들이 BJ를 응원하거나 또는 안 좋은 말을 하는 걸 보고 감정이 동요하지도 않는다. 이건 안 좋은 상황이다.

채팅창만 보고 있는 시청자들이라고 해서 좋은 건 아니다. BJ를 봐야만 시선이 마주치고 화면을 통해 서로 1:1 대화하는 느낌으로 친밀감이 들어갈 텐데 BJ를 안 보면 감정교류가 안 된다. 그럼 어떻게 할까?

채팅창은 BJ의 얼굴을 잠깐 가리더라도 화면 중앙에 오도록 놓는다. 그때나마 BJ만 바라보던 시청자들은 채팅창이 있다는 걸 환기하게 된다. 그러면서 채팅창에 관심을 갖게 된다. 다른 사람들은 뭐라고 글을 올리는지 보고, 유료 선물하는 시청자들이 많은 걸 보면서 자기도 자극받게 된다.

채팅창만 보고 있던 사람들에겐 BJ가 리액션을 하거나 춤을 추는 등, 화면을 볼 수밖에 없는 상황을 만든다. 채팅창에서 머물던 시청자들의 눈이 방송 화면으로 옮겨 오게 된다. BJ의 매력으로 시청자들에게 다가서야 할 순간이다.

절대 고수 BJ의 노하우 2

사진을 띄워놓고 방송 화면 옆의 채팅창만 보고 있으면 그것도 똑똑한 BJ가 할 일이 아니다. 인터넷방송 사이트에는 BJ가 가입해서 관리할 수 있는 아이디가 여러 개다. BJ라고 해서 BJ 아이디 하나만 있는 게 아니다. 나머지 아이디를 활용해야 한다.

"어떻게?"

채팅창에 들어가 있는 다른 아이디를 사용해서 'BJ님 언제 와요? 빨리 와요!'라든가, 'BJ님 또 애타게 하신다'라는 식으로 시청자 입장에서 글들을 올려야 한다. 그러면 그 글을 보고 다른 시청자들도 글을 올리기 시작한다.

명심하자. 모니터 화면에 사진만 올라온 상태에선 시청자들에겐 아무 것도 안 보인다. 사진 뒤에 앉아서 모니터만 바라보고 있으면 안 된다. 채팅창에 참여해서 시청자의 한 명이 되어서 BJ를 향한 글들을 계속 올려야 한다. 채팅창에 글이 안 올라오면 시청자들은 나간다. 방송이 살아 있느냐 죽었느냐를 판가름하는 기준은 채팅창이다. 채팅창이 조용하면 시청자들은 나간다. 이 점을 명심해야 한다.

┗ 방송 중에 계속 카메라 앞에만 앉아 있으면 안 되는 이유

방송가에서 사용하는 말 중에 방송하는데 3초간 말이 끊기면 '방송사고'라는 게 있다. 3초를 넘기지 않도록 항상 이야기가 흘러야 한다는 뜻이다. 일상생활에서 느끼는 3초면 짧은 시간 같지만 방송에서 3초는 엄청 긴 시간이다. 초침이 3번 움직이는 사이에 방송가 용어로 '마가 뜬다'고 한다. 오디오 기기로 치자면 '먹통이 된다'는 얘기랑 같다.

그리고 TV 화면에서 3초 룰^{Rule}이란 게 있다. 예능 프로그램에서 자주 사용하는 방법인데 카메라 여러 대를 사용해서라도 똑같은 장면이나 상황을 시청자들에겐 다양하게 보여줘야 한다는 의미로 사용한다. 실제로 여러분들이 좋아하는 방송 프로그램을 자세히 보면서 속으로 3초를 세어보자. 3초마다 또는 3초도 안 되어 휙휙 바뀌는 화면을 알게 된다.

이런 이유는 시청자들이 체감하는 무의식적 지루함을 막는 전략이다. 출연자 한 사람이 길을 걸어가는 장면에서도 카메라를 여러 대 준비해서 앞에서 찍고, 뒤에서 찍고 옆에서 찍거나 공중에 헬리캠을 띄워서 하늘에서 내려다보는 장면으로라도 찍는 방법들이 동원된다. 출연자의 말재주가 적거나 말할 장면들이 아니라면 과감하게 '자막'을 사용한다. 요즘 방송 화면에 카메라가 많이 등장하고 자막이 온 화면을 채우는 이유다.

그럼 이번엔 BJ의 모습을 생각해보자. 방송할 때마다 똑같은 자세로, 똑같은 표정으로, 똑같은 정면 얼굴만 시청자들에게 보여준다고? 그러면 안 된다. 시청자들이 지루해한다.

"그런데 요즘 인기 BJ 보면 항상 앉아서 방송하는 사람도 있는데요?"
"별로 하는 것도 없어서 시청자들이랑 대화만 해요."

그 BJ의 방송을 보는 사람들은 항상 일정하다는 걸 알게 된다. 시청자 수를 보자. 화제가 되면 조금 높아졌다가도 평상시가 되면 다시 원상태로 돌아온다. 시청자 수가 늘지 않는다. 그 방송을 시청하는 사람들은 오로지 한 가지 BJ의 말솜씨에 반해서 이야기를 들으러 오는 사람들이란 걸 보게 된다.

여자 시청자들은 자기들이 쉽게 못하는 말을 자기 대신 해준다는 식의 대리만족까지 느끼기도 한다. 남자 시청자들은 남자 사이에 대화처럼 느껴지는 신기한 점과 재미있는 내용에 이끌려온다. 무엇보다도 그 BJ의 방송을 보게 되면 움직이지 않는 게 아니란 걸 알게 된다. 그렇지 않은가? 다시 한 번 더 자세히 보라.

여러분의 뒤태에 자신이 없어서 보여주지 못한다면 앞만 보여주되 3초 룰은 반드시 지키자. 시청자들이 지루함을 없애고 점점 더 늘어나게 된다. 물론 콘텐츠를 만드는 BJ의 노력이 필요한 점을 두 번 말하면 잔소리이고, 세 번 말하면 헛소리이므로 다시 말하지 않겠다.

↳ 인기 BJ들이 가끔 몸 아프다며 방송을 쉬는 이유 알아?

BJ들이 몸 아프다?

시청자들은 걱정한다. 어제도 보고 그제도 봤는데 오늘은 못 본다는 공지를 보게 되니 '그럴 수도 있구나' 생각하면서도 어딘지 모르게 최소한 '1초'라도 걱정을 한다. 그 BJ가 항상 열심히 방송하고 재밌게 보던 방송이었는데 오늘 아프다니 뭔가 진짜 아픈가? 왜 아프지? BJ 일이 힘든가? 어차피 모르는 사람이니까 크게 걱정은 안하더라도 지나가면서라도 걱정은 한다.

그로부터 며칠 후. 다시 방송이 되면 그 BJ를 다시 보게 되는 새로운 느낌을 갖는다.

지난 번에 아프다고 했는데 왜 아팠는지 궁금하고, 아픈 건 다 나았는지 궁금하게 된다. 앞으로는 아프지 말라는 덕담도 건네주고 싶다. 맞다. 이런 식으로 채팅창에 참여하는 순간이 온다. 평소엔 눈팅(보기만 하고 참여는 안 하는)만 하는 시청자였는데 뭔가 딱히 쓸 말이 없어서이기도 했다는 걸 안다. 모처럼 BJ가 아팠다고 하니 아프지 말라는 안부인사 정도는 기꺼이 써줘야겠다는 생각을 갖는다.

BJ는 실제로 아프기도 하고, 가끔은 안아픈데 아프기도 한다. BJ 개인적으로 여러 사정이 있어서 그렇다. 그런데 BJ가 방송을 안 할 경우에 시청자들의 반응이 궁금해져서 아주 가끔은 아프지 않아도 방송을 안 하는 경우가 있다. 시청자들이 BJ를 얼마나 기다리는지 궁금한 이유에서다. 사실 BJ가 매일 방송하다 보면 시청자들 반응을 잘 모를 경우가 생긴다.

'나를 정말 기다리는 사람들이 있나?'
'내 방송을 보는 사람들이 어제랑 같은 사람들인지 아니면
새로 오는 사람들인지 모르겠네?'
'나를 얼마나 생각하는지 시청자들 반응을 알 수 있는 뭐가 없을까?'
'그래 오늘 방송은 쉬어 보자.'

실제로도 몸이 아픈 김에 쉴 수도 있다. 그리고 BJ 개인적으로도 이런저런 일이 바빠서 하루만큼은 방송을 쉬어야할 때가 있다. BJ도 이런 날엔 다음 날 방송을 시작하기 전까지 은근히 기대하는 게 있다. 시청자들이 자기를 얼마나 반겨줄지 아니면 어제 방송 쉰 것도 모르는 시청자들이 많을지 내심 걱정되기도 한다. 어제 방송을 쉬지 말고 그냥 할 걸 그랬나? 후회도 해본다. 그러면서도 다음 날 방송 시간이 가까워 오면서 기대를 하게 된다.

'그래, 내 이럴 줄 알았어. 내가 역시 인기 좀 있지.'

그리고 방송 시작과 동시에 밀려드는 시청자들의 반응을 보게 되면 BJ도 기쁘다. 어제 왜 쉬었냐는 인사에서 몸이 지금도 많이 아프냐며 걱정해주는 사람들, 앞으로 아프지 말라는 시청자들도 있다. BJ는 그 날 더 기운이 나고 재밌게 방송을 진행하게 된다.

100명의 시청자가 1,000명의 시청자로 되는 이유

은행에 돈을 넣어두면 이자 중에 최고의 이자가 '복리'다. 이자에 이자를 주는 식이다. 그리고 장사 중에 제일 좋은 장사가 '배 남는 장사'다. '갑절이 남는다'고 말하는데 50%는 남는 장사가 좋은 장사다. 이자에 이자를 주는 은행, 최소한 가격의 절반을 남기는 장사가 좋다면 인터넷방송에서는 100명의 시청자가 1,000명의 시청자가 되는 순간이 기분이 좋다.

BJ들이 자기 방송을 알리는 방법은 인터넷방송에서 순위를 올리는 방법이나 유튜브에서 시청자들을 유입시키는 방법, 페이스북에서 '좋아요'를 통해서 널리 알려지는 방법 등이 있다. 요즘엔 사람들이 인터넷방송 사이트에 들어가서 알게 되는 게 아니라 페이스북이랑 유튜브를 통해 BJ를 알고 인터넷방송 사이트로 찾아오는 경우가 더 많다.

그래서 시청자 100명이 1,000명이 되는 게 불가능한 건 아니다. 인터넷방송 사이트에서 시청자 100명을 유지하던 사람이 다른 홍보 방법 하나 없이 그 사이트에서만 시청자 1,000명을 확보한다는 건 쉬운 게 아니다. 산술적으로 계산해서 그 사이트 회원 수가 갑자기 10배가 늘어나야 가능한 수치이다. 그런데 요즘 같은 인터넷 환경에서 어느 사이트의 회원이 순식간에 10배가 넘게 늘어날 수 있을까?

아니다. BJ들이 유튜브에 자기 영상을 올리기 시작한 이유다. 유트브에 올라간 영상은 페이스북으로 퍼지고 다시 방송국으로 사람들을 불러 모이게 한다. BJ들의 방송에서 채팅창에 보면 '페이스북 보고 왔어요!'라든가, '여기가 그 BJ분 방송 맞나요?'라고 물어보는 사람들이 꽤 많다. 매일매일 새로운 시청자들이 유입된다는 얘기다.

아니다. 어느 동네에 가게를 차렸는데 그 자리에서 장사만 열심히 한다고 하면 손님들이 찾아갈 수가 없다. 기껏해야 그 가게를 알게 된 동네 사람들만 가게에 손님이 될 뿐이다. 그 가게는 어떻게 해야 할까? 전단지를 돌려야 한다. 신문지에 끼우거나 근처 집집마다 돌면서 전단지를 돌려야 한다. 그 가게에 싼 제품이 뭐가 있고 어느 제품 세일을 하며 어떤 상품이 있는지 빼곡하게 적어 알려야 한다. 그래야 전단지를 들고 손님들이 온다.

인터넷방송 BJ를 하기 위해 마음에 드는 사이트를 찾았으면 우선 그 사이트의 각종 서비스랑 기능, 방송 방법에 대해 숙달해야 한다는 건 맞다. 하지만 그 다음에 해야 할 일이 많다. 영상을 만들어서 유튜브로 올리고 페이스북에 뿌린다. 친구들에게도 알리고 방송영상이 많이 퍼지도록 노력해야 한다.

"방송만 잘하면 되겠죠? 그런 것까지 해야 해요?"
방송만 잘하면 시청자들이 알아서 해준다. 하지만 시청자들이 생기기 전까지 당신의 방송이 있다는 걸 알려야하는데 누가 알려줄까? 당신의 방송이 있는 걸 알아야 시청자들이 와서 당신의 방송 영상을 퍼날러 줄 텐데 그걸 해줄 시청자들이 아직 없다면?

⌐ 매니저, 카메라 편집감독을 채용하는 이유

처음엔 1인 방송국으로 BJ 혼자 모든 걸 다하더라도 점점 멤버들이 늘어나게 된다. 방송하는 동안 채팅창을 관리해줄 매니저도 뽑고, 방송영상을 따로 녹화해서 편집하고 재미있게 만들어줄 편집자도 뽑아야 한다. 인원이 적다면 방송 중엔 매니저가 방송 후에 편집자가 되기도 한다. 그렇게 영상 편집까지 되면 나중 일은 누가 할까? 유튜브에 올리는 건 BJ가 해야 한다. 그래야만 유튜브 광고수익이 BJ

채널 계좌로 들어온다.

　그리고 카메라가 더 중요해진다. BJ 경쟁자들이 늘어나면서 다른 BJ들의 방송보다 더 좋은 화질, 더 좋은 각도, 더 좋은 초대손님을 데려오고, 더 재미있고 좋은 내용으로 만들 필요성이 생기게 된다. 시청자들도 폭발적으로 늘어나면서 매일매일 방송 BJ 순위가 달라질 수도 있다. 여기서 중요한 역할로 '카메라' 감독이 필요하게 된다.

　"그냥 카메라 설치해두고 촬영하면 되잖아요?
저는 방에서 방송하는데 카메라 위치를 한 번도 안 바꿔요.
처음부터 지금까지 계속 그대로인데요?"

　카메라 감독은 실내 촬영, 야외 촬영 시에도 중요하다. 실내에서 촬영할 때도 고정 방향으로 한 대의 카메라를 넘어 몇 대를 놓고 카메라 스위쳐를 사용해서 여러 각도의 장면을 보여주는 것도 필요하다. 카메라 스위쳐가 값이 엄청 비싸거나 그런 건 아니다. 카메라를 연결해주는 장치인데 인터넷 공유기로 비교하면 기능이 똑같다. 카메라가 설치된 곳에서 케이블을 빼와서 카메라 스위쳐(카메라 공유기)에 연결하고 조작 스위치를 BJ가 들고 방송할 수 있다.

　초대손님이 왔을 경우에 더 효과적이다. BJ가 손님과 인터뷰도 하고 채팅창에 시청자들의 글도 소개해주면서 방송하는 그 장소의 모습을 여러 각도에서 화면에 띄울 수 있다. 시청자들 입장에선 훨씬 눈이 시원해진다. 눈동자 시선처리도 할 곳이 많아지면서 안구운동도 된다. 그 BJ가 다른 BJ들보다 훨씬 앞서 나가고 있는 사람이란 걸 알게 되는 건 당연하다. 카메라감독이 할 일이다.

이번 단락에서는 방송을 진행하는 BJ가 시청자들과 주고받는 대화의 스킬에 대해서 알아두자. BJ가 되기 원하는 사람들도 제일 걱정하는 부분 중에 하나가 '말솜씨'인데 하루아침에 길러지는 게 아니고, 누구 말에 의하면 타고나야 된다는 얘기도 있지만 그건 아니라고 여긴다.

실제로 그런 사람들이 많다. 사람들 앞에서는 말 한 마디 못하고 '쑥맥'으로 지내다가도 혼자 있거나 방송 앞에 서면 날아다니는 사람들이다. 말도 잘하고 연기도 하고 춤도 추는 사람들이 많다. 그렇게 생각하고 보면 사람들의 체질이 따로 있다는 걸 알게 된다. 무대 체질을 말한다. BJ에겐 카메라 체질이다.

당신에게 카메라 체질이 있는가 없는가 생각해보자. 가령, 사람들 앞에서는 정작 이야기를 잘 못하는 성격인데 혼자 있거나 카메라 앞에서라면 자신 있다고 여기면 당신은 카메라 체질이다. 또한, 사람들 앞에서건 카메라 앞에서건 이야기 하는 거를 좋아하는 성격이라면 당신도 카메라 체질이다. 그렇게 따지고 보면 세상에 카메라 체질 아닌 사람이 없다. 맞다. 당신은 인기 BJ가 되기에 충분한 끼를 지닌 사람이다. 지금부터 BJ가 되어 방송 시청자들과 대화의 무대에 서보기로 하자.

인터넷방송에 어울리는 모바일용 재미있는 유머 만들기

인터넷방송에 대한 이미지는 일반적인 TV와 약간 다르다. TV는 거실에서, 안방에서, 혼자 또는 가족이랑 함께, 침대에 누워 또는 소파에 앉아 시청하는 것이지만 인터넷방송은 언제 어디에서나 스마트폰에서, 또는 컴퓨터로 일을 하다가도 잠깐 볼 수 있다는 점이다.

그래서 TV를 대하는 느낌과 인터넷방송을 대하는 시청자들의 느낌도 다르다. TV에서는 인기 연예인이 나와야 당연하게 여기지만 인터넷방송에서는 인기 연예인이 아니더라도, 또래친구들이 나와도 이상하게 여기지 않는다. 시청자들에게 인터넷방송과 BJ란 1:1 영상통화랑 비슷하고, 온라인게임을 즐기는 느낌과 비슷하다. 그래서 온라인게임에서 아이템 사서 주고받듯 BJ들에게 유료아이템 선물도 가능하다고 생각하고, 친구들과 1:1 영상통화 하듯 친밀감을 느끼며 여러 가지 마음속 고민까지 터놓게 된다.

이게 모바일 스타일이 된다. 그래서 인터넷방송이 모바일 스타일이란 점을 기억하면서 여기에 어울리는 유머를 활용해야 한다. 예를 들면 시청자들에게 이야기를 할 때도 주로 사용하는 단어를 SNS 이야기, 유튜브 이야기, 페이스북 이야기, 카카오톡 이야기, 카카오스토리 이야기, 게임 관련 이야기를 주로 사용하면 좋다. 인터넷방송을 주로 시청하는 연령대 시청자들에게 익숙한 문화 안에서 이야기해야만 그들이 BJ와 친밀감을 갖고 소통이 가능하다고 여기기 때문이다.

당신이 BJ를 하려는데 당신의 나이가 30대라고 하자. 당신의 방송엔 주로 30대 시청자들만 득시글거릴 게 뻔하다. 당신이 하는 이야기와 문화적으로 공감하는 사람들이 오게 돼서 그렇다. 당신이 40대라고 하자. 당신의 방송엔 40대 시청자들만 가득하게 된다. 당신의 이야기와 공감해서다. 당신이 10대 청소년이라고 해도 마찬가지다. 당신 방에는 10대 청소년만 가득하게 된다. 안 봐도 뻔하다.

당신은 이런 인터넷방송을 '그게 뭐 어때서?'라고 생각하겠지만 사실 좀 문제가 된다. 인터넷방송을 하긴 하는데 그게 대중이 아니라 또래문화가 되는 까닭이다. 당신은 인터넷방송을 하면서 또래 사람들과만 이야기하고 싶은가? 아니면 폭넓은 시청자들과 만나며 당신의 지식에 대해, 당신이 말하고자 하는 이야기에 대해 소통하고 싶은가? 당신이 또래 연령대의 사람들과만 만나고 싶다면 상관없다. 하지만 다양한 사람들과 만나서 얘기하고 소통하고 시간을 공유하고 싶다면 당신이 변해야 한다.

당신의 유머가 중요한 이유다. 모바일용 유머는 또래들만 즐기는 유머이기보다는 인터넷을 즐기는 사람들이 공유할 수 있는 유머여야 한다. 이런 사실을 잘 아는 인기 BJ들이 주로 방송에서 활용하는 소재들 중에는 사자성어 잇기, 끝말잇기, 삼행시, 사다리타기, 전화 통화 하기 등이 있는데 그중에서도 '사다리타기'가 가장 많이 쓰인다. 그 이유? 간단하다. 시청자 세대공감이 가능해서다. 청소년들이나 20대 청년들이나 30대나 40대 등 그 이후 세대들도 사다리타기 게임은 마다하지 않는다.

최근 들어 BJ들의 방송 진행 방식은 춤과 노래, 그리고 애드립(말솜씨), 음악 틀어주기에 치우쳐 있고 일부 BJ들은 게임방송, 야외방송으로 범위를 넓히면서 초대손님과 함께 방송을 진행하는 형태를 많이 하고 있다. 여기서 게임방송이나 애드립 방송은 게임실력에 따라, 애드립(말빨)에 따라 시청자들이 모이고 나가고를 반복하는데 점차적으로 '애드립'이 좋은 BJ가 인기를 얻고 시청자들이 몰리는 상황이다.

애드립(말빨)을 늘린다는 건 혼자 힘으로 안 되고 누군가 상대방과 대화를 많이 해보면서 자연스럽게 늘어나는 실력이다. 남의 이야기에 아파해도 보고, 이겨도 보면서 상대방의 말을 맞받아칠 수 있게 된다.

그리고 진정한 말빨이란 상대방의 이야기에 무조건 반박하는 게 아니다. 상대방(시청자들)의 이야기를 진지하게 들어주는 것부터 시작된다. 남의 이야기를 진지하게 들어주면 그만큼 대답을 해줄 때도 상대를 배려하면서 말하게 된다. 그게 진정한 말빨이다. 말빨을 늘리고 싶으면 상대방의 말을 무조건 꼬투리잡아서 따지려 하지 말고 일단 '들어주기'부터 시작해보라. 당신과 이야기를 해본 사람들은 누구나 이구동성으로 말한다. 당신의 말빨이 강력하다고 말이다.

카메라를 처다보며 말할 때 요령

BJ는 방송 진행하면서 시선을 어디에 둬야 할까?

남자 BJ들은 주로 위에서 아래로, 정면으로 두는 반면에 대다수 여자BJ들은 자신의 가장 예쁜 쪽으로 카메라를 비춘다. 시청자들 중에는 이런 BJ들에게 '제발 정면 얼굴 좀 보여달라!'고 아우성이기도 한데, 그 BJ는 나름의 전략으로 옆얼굴만 보여주다가 특별한 순간이 오면 정면 얼굴을 공개하는 식으로 방송을 한다. 시청자들과 밀고 당기기의 스킬인 셈이다.

그런데 BJ들이 알아야 할 카메라 응시법은 무조건 정면을 보는 것

도, 자신의 예쁜 얼굴만 보여주는 것도 아니다. BJ들은 방송 콘셉트
에 따라 카메라를 응시하는 방향이 달라야 한다. 가령 이런 식이다.
초대손님과 함께하는 방송일 때다. BJ가 화면에 등장하고 그 옆에 손
님이 보인다. BJ가 말한다.

자, 이럴 때 카메라는 어디를 비춰야 할까?

정답은 이렇다. 카메라는 BJ를 비웠다가 멘트와 동시에 초대손님
의 옆 얼굴(또는 BJ와 초대손님을 동시에 투샷) 그리고 손님의 단독
정면 샷으로 촬영해야 한다. 이때 손님이 카메라를 보고 인사를 하
거나 자기 소개를 한다. 이게 정석이다.

하지만 기존 대다수 BJ들의 카메라는 변동이 없다. 초대손님이건
BJ이건 간에 고정된 그 자리, 그곳에서 오직 한 개의 화면만 촬영하
고 있을 뿐이다. 이 정도는 그래도 양호하다. BJ들 중에는 자기 옆얼
굴에 자신 있는지 모든 방송에서 자기 옆얼굴만 보여주기에 바쁘다.
정면 얼굴에 자신이 없다면 방송은 왜 할까? 예쁜 얼굴 보여줄 필요
는 없으니 콘텐츠로 승부하면 될 텐데도 굳이 자기 옆얼굴만 보여주
면서 방송을 한다.

인터넷방송 BJ들이 위기감을 느껴야할 부분이다. 지상파TV에서
도 인터넷사이트와 손잡고 본격적으로 인터넷 개인방송 서비스를

시작하려고 하는 중이다. 인터넷사이트의 막강한 서버 장비와 지상파TV의 숙달된 방송기술 노하우가 결합하면 그동안의 인터넷방송 BJ들은 당해낼 재간이 없어질 게 뻔하다. 거기에 지상파라는 장점으로 유명 연예인들까지 인터넷방송으로 유입된다면 상황은 더욱 밝지 못하다. 기존의 BJ들이 물러나고 지상파랑 별 차이 없는 수준 높은 콘텐츠를 생상하는 인터넷방송 서비스가 될 게 분명하다.

"인터넷방송 BJ들이 활용할 만한 카메라 노하우는 뭐가 있을까요?"

생방송으로 지상파 시스템과 경쟁이 불가능하다는 점을 알아야 한다. 기존에 활동을 활발히 하던 BJ들은 점차적으로 생방송 대신에 녹화방송 중심으로, 콘텐츠 중심으로 방송을 해야 한다. 게다가 기존의 인기 BJ들 중에는 욕설 방송, 엽기방송으로 점철된 사람들이 대다수여서 지상파 시청자들에게 호감도도 적은 편이다. 지상파의 인터넷방송 시작은 부모님들의 인터넷방송 시청이라는 의미와 같다. 매일 밤 10시부터 새벽 1시까지 아이들이 자기 방에서 무엇을 보며 생활했는지 부모들이 알게 되는 시점이다. 어느 사이에 물갈이가 되도 되는 상황이다.

인터넷방송에서 BJ들의 화면은 지상파 방송처럼 유연하고 신속하게 움직이기 불가능하다. 그러므로 콘텐츠를 미리 만들어서 녹화방송을 해야 한다. 기술과 장비가 부족하다면 거기에 맞설 생각하지 말고 아이디어로 승부해야 한다. 현재 일부 인기 BJ들을 보면 해외에 가서 촬영을 해오고, 다양한 콘텐츠를 만들면서 점차적으로 녹화방송 중심으로 바꿔가는 걸 알 수 있다. 발 빠르게 움직이는 사람들이다.

생방송으로 방송을 할 때는 카메라를 고정시켜만 두지 말고 되도록 다양한 앵글을 볼 수 있게 약간의 변화를 시도하는 게 좋다. 카메라가 한 대라서 방송하는 동안 움직일 수 없다면 음악 나가는 동안 앵글을 바꿔두던가 아니면 오늘 이렇게, 내일 저렇게 식으로 다양한 앵글을 잡아서 시청자들에게 변화가 있다는 점을 보여주도록 하자. 노력한다는 느낌만 전해져도 성공이다.

초대손님과 함께 방송을 할 때는 카메라를 정면으로 쳐다보기 보다는 그날 하루는 카메라를 빌려와서라도 되도록 3대를 올려두고 BJ 따로, 손님 따로, 두명 모두 동시에 같이! 이렇게 세 컷 정도의 화면으로 구성해보자. 하루 빌리는데 카메라 대여비가 비싼 것도 아니다. 알기론 한 대당 2~3만 원 정도에도 빌려올 수 있다.

카메라가 BJ를 도와줄 때, 안 도와줄 때

카메라는 BJ 편이다?

아니다. BJ가 카메라를 고르고 세팅하고 방송을 하지만 카메라를 BJ 편이 아니다. 카메라는 시청자들 편이다. 왜 그런지 알아볼까? 그 이유는 이렇다. 예를 들어, 여기 시청자가 있다. 오랜만에 인터넷방송을 보려는데 BJ를 찾다가 마음에 드는 방송을 골랐다. 그리고 보는데 화질이 흐리다. 재미있긴 한데 화질이 마음에 안 든다. 어떻게 할까? 모니터 아래에 보니 생방송하는 방송국 BJ들이 표시된다. 다른 방송을 보니까 거기는 화질이 좋다. 그 시청자는 어디에 머물까?

"콘텐츠에 따라 다르겠죠? 원하는 콘텐츠라면 화질이
좀 흐려도 볼 거고요, BJ랑 대화하는 방송을 찾는다면 이왕이면
화질 좋은 방송을 보겠죠."

맞다. 정답. 그럼 이번엔 어떤가 생각해보자. 시청자가 있다. 인터넷방송을 보려는데 어디를 볼까 하다가 우선 스크린샷이 마음에 드는 방송을 골랐다. 그런데 BJ가 팬들이나 매니저들하고만 대화하기에 바쁘고 잘 모르는 시청자들 글은 읽어주지도 않는다. 그 시청자는 어디로 갈까? 남들 노는데 그냥 머물까? 아니면 시청자들에게 공평한 BJ를 찾아갈까?

"이왕이면 시청자들에게 공평한 BJ를 찾아갈 거예요."

맞다. 이번에도 정답. 마지막으로 하나만 더 생각해보자. 시청자가 있다. 인터넷방송을 고르는데 한 곳은 시청자가 1,000명이 넘고 다른 한 곳은 50명밖에 없다. 사람 많은 곳엔 사연도 많고 재미도 있

는데 정신이 하나도 없다. 반면에 50명 정도 있는 방에는 조용하긴
한데 접속하자마자 인사도 하고 한 명 더 오셨다고 인사도 해준다.
시청자는 어디에 머물까?

"사람 많은 BJ 방송이 재미있긴 할 텐데 그래도 사람 적은 방에
조금 더 있어줄 거 같아요."

그건 왜 그럴까?

"50명 중에 51명 되면 그래도 티가 확 나잖아요?
그런데 1,000명 방송에 가면 들어오건 나가건 BJ가 알 수가 없죠.
이왕이면 시청자를 알아주고 반겨주는 데가 더 좋을 것 같은데요?"

맞다. 그래서 카메라가 시청자 편이다. 시청자들은 항상 여러 방
송국을 놓고 고른다. 어디를 갈까? 누구 방송을 볼까? 생각한다. 그
러다가 스크린샷(방송국 프로필샷 또는 방송화면 대표이미지)이 마
음에 드는 곳을 고른다. 무엇을 보고 고른다? 카메라가 찍은 화면을
보고 고른다.

"BJ가 잘 꾸며둔 카메라 화면 때문 아닌가요?"

아니다. 시청자가 방송을 고를 때 보는 스크린샷은 크기가 작아

서 잘 보이지도 않는다. BJ가 누군지, 남자인지 여자인지, 얼굴이 예쁜지 아닌지도 구별하기 어렵다. 시청자 입장에선 그냥 재미있을 것 같은 화면을 골라서 들어가 본다. 그러다가 재미없으면 다시 나온다. 이러는 사이 10초도 안 걸린다.

시청자 입장에선 방송을 봐준다는 개념으로 생각한다. 시청자 수 +1이 되면 BJ에게 도움을 주는 것이라고 여긴다. 그래서 방송이 재미있어야 하고 시청자는 대우받아야 한다고 여긴다. BJ가 고르고 맞춘 카메라 화면일지라도 시청자들을 그 화면이 순전히 자기들 것이라고 여긴다. 그 화면에 맞춰서 어느 방송을 볼지 고르게 된다.

이래도 카메라가 BJ편일까? 아니다. 시청자 편이다. BJ는 카메라를 고정해두고 '카메라야 도와줘!'하지 말고 카메라를 통해서 자신의 방송을 보는 시청자를 상대로 '궁금하죠? 들어와 보세요!'라고 자신을 알려야 한다.

BJ가 모니터에 사진 띄우고 뭐하는 줄 아니?

방송을 하던 BJ가 갑자기 사라진다. 어디로 갔을까? 화장실? 아니면 메이크업 고치는 중? 아니면 방송이 힘들어서 쉬는 중? 의외로 이런 경우가 있다. 방송 잘 하던 BJ가 사라진다. 자신의 잘 나온 사진 하나를 걸어두기도 하고 아예 빈 자리를 보여주며 어디론가 가버린다. 금방 올 줄 알았는데 시간을 재어보면 대략 5분 정도 걸릴 때도 있다. 물론 대부분의 경우엔 길어봤자 2~3분이다. 그동안 BJ는 뭐하고 왔을까?

1) 화장실? 2) 휴식(담배?) 3) 택배 받기? 4) 가족 심부름? 5) 표정관리?

위에 항목들이 다 해당될 수 있다. 하지만 위에 답이 없을 수 있다. 다른 방에 가서 컴퓨터에 로그인을 하고 다른 사람 이름으로 된 아이디로 자신이 방송하는 BJ 방송 채팅창에 글을 올리고 왔을 수 있다. 또는 유료아이템까지 선물하고 돌아왔을 수 있다.

전혀 없는 이야기는 아니다. 인터넷 마케팅에서 흔히 사용되는 방법이다. 가령 이런 식이다. 당신이 인터넷쇼핑몰에 상품을 올렸다. 당신은 초보 판매자다. 당신의 물건이 팔릴까? 안 팔린다. 왜 안 팔릴까? 광고를 안 해서다. 그럼 광고를 하면 팔릴까? 쇼핑몰에서 판매자들에게 판매하는 과옥 상품들을 보니 가격이 비싸다. 돈이 부족하다. 당신은 어떤 방법을 쓸 수 있을까?

친구들이나 가족 이름으로 아이디를 몇 개 더 만든 다음 당신이 올린 물건을 되사주면 그게 광고가 된다. 당신이 기본 수량을 판매했을 경우 당신은 어느 정도 판매력을 가진 판매자로 인정받으면서 당신이 올리는 상품이 판매페이지 앞으로 노출되게 된다.

이러한 영업 전략은 은행에서 대출하러온 기업들에게 돈을 빌려주면서 적금상품 하나 가입하라고 내어주는 일명 '꺾기' 방식으로도 활용된 적이 있다. 일부 백화점 판매자들이 매출이 신통찮을 경우 자기 물건 되사면서 기본 매출을 유지하고 백화점에서 판매를 계속할 수 있게 영업하던 일도 있다. 물론 지금은 그런 일이 없을 것이라고 여긴다.

다시 BJ 이야기를 해보자. 당신은 아직 초보 BJ다. 시청자들이 들어오긴 하는데 당신에게 유료 아이템을 선물할 정도는 아니다. 시청자들은 당신의 방송을 우선 지켜보는 중이다. 분명 방송창에 시청자 10명 이라고 표시되었는데 당신은 그들 중에서 누가 진짜 사람인지, 아니면 프로그램에 의해 시청자로 표시되는지 의심할 수 있다. 그들의 정체를 알아내려면 어떻게 해야 할까?

'다른 방에 가서 다른 아이디로 채팅창에 들어온 후에 유료아이템을 선물하자. 다른 시청자들이 놀라서 감탄사를 내뱉을 정도로 조금 큰 금액이면 좋겠다.'

당신의 생각이 여기에 다다른다. 당신에게 쏘는 유료아이템은 당신이 환전하지 않는 이상 그대로다. 그걸로 다른 유료아이템을 사거나 아니면 다른 BJ 아이디를 하나 더 만들던가 아니면 다른 마음에 드는 BJ에게 가서 유료아이템을 선물할 수도 있다. 당신이 사용하는 방식은 절대 손해가 아니라고 여긴다. 극히 일부 BJ들 중에는 이런 일이 있을 수도 있지만 대다수 BJ들에게는 없는 일이라고 여긴다.

인기 BJ의 음악 선곡 노하우

BJ에게 방송 진행에 필요한 음악은 생명과 같다. 음악이 없으면 인터넷방송은 탄산 빠진 사이다와 같다. 미지근하게 식어버린 커피와 같다. BJ에게 음악이란 지붕에 내리는 빗소리가 파전 부치는 소리처럼 들리며 비 내리는 날 어김없이 발걸음을 향하게 만드는 파전가게가 된다. 인터넷방송에서 음악이 없다면 안 될 말이다. 게임방송할 때, 초대손님 방송일 때도 음악이 필요하다. 눈으로 보는 것으로 그치면 안 되고 귀로 들어야 하기 때문이다.

"방송진행하면서 어떤 음악이 필요한가요?"

방송 시작은 빠르고 경쾌한 음악을, 중가중간엔 15분 정도 간격으로 빠른 음악과 발라드 음악을 섞는 게 좋다. 빠른 음악 5곡에 발라드 1곡 정도면 비율이 훌륭하다. 인기도 여부는 크게 상관없다. TV에 나오는 인기곡은 시청자들도 이미 많이 들어본 곡들이다. BJ가

트는 음악은 재미있고 신나고 즐거운 곡이면 된다. 최근엔 개그맨들이 부른 댄스곡들을 많이 트는 상황이다.

정답이다. BJ들은 자신들의 방송을 클럽 분위기를 내기 위해 노래를 준비한다. 시청자들과 대화를 애드립 방송할 때가 특히 그렇다. 빠른 음악으로 분위기를 흥겹게 하고 마치 방송을 하는 곳이 클럽인 것처럼 분위기를 띄운다. 시청자들도 BJ랑 덩달아 기분이 들뜨게 된다. 시간은 밤 11시부터 새벽 1시 방송이다. 시청자들은 주로 20대, 30대 남녀다. 어떤 상상이 되는가? 그 시간에 집에서 인터넷방송을 보다니? 음악이라도 신나게 들으며 클럽에 온 것처럼 기분을 나게 된다.

엽기방송을 하는 사람은 클라이막스 음악을 주로 튼다. 긴장된 분위기, 뭔가 해야할 것 같은 느낌이 들도록 음악을 준비한다. 화면 안에서 자기가 벌이는 행동에 대해 뭔가 장중한 이미지를 주려고 한다. 지금 하는 행동은 장난이 아니라 뭔가 색다른 각오로 한다는 이미지를 만들려고 한다. 하지만 아무리 그래도 엽기방송은 그저 장난으로만 보인다는 게 함정이다. 중요한 건 여기에도 음악이 필요하다는 점이다.

먹방을 하는 사람도 음악을 튼다. 주로 조용한 음악이고 식사하기에 편한 음악이다. 몸 안에 오장육부가 긴장을 풀고 소화시킬 준비를 하는 음악처럼도 들린다. 먹방을 하던 도중엔 음악을 끄기도 한다. 음악 없이 멘트로만 진행을 하는데 이 경우 음식 먹는 소리가 방송이 되면서 그다지 좋은 반응은 얻지 못한다. 먹방이라면서 동시에 엽기방송이 되는 순간이다. 음식물 먹을 때 소리를 내서 쩝쩝 먹다니? 시청자들은 그 모습을 보며 혀를 찰 뿐이다. 어쨌든 먹방 BJ들도 음악을 사용한다.

게임방송이나 교육방송, 초대손님 방송 등에서도 음악이 필수적으로 흐른다. 모든 인터넷방송에서 음악은 BJ들을 위한 생명이다. 이런 식이다. 인터넷방송은 촉각, 시각, 청각, 후각, 미각을 동시에 만족시켜주는 유일한 미디어다. 먹방일 경우엔 특히 대표적으로 오감 만족이 된다. 물론 그게 대리만족이지만 그래도 오감 만족 시켜주는 방송이 없다는 점에서 먹방이 유일하다.

그런데 그 오감 중에서 음악은 청각을 차지한다. 음악이 나오면 시청자들은 일단 감각 한 개는 접고 다른 4개에 집중할 수 있게 된다. 시청자들이 잘 알고 익숙한 음악이 나오므로 '저건 됐고'라고 여긴다. 나머지 4개의 감각에 집중해야 방송에 몰입한다. BJ가 움직이는 대로 대리만족 간접체험이 가능해진다. 그래서 음악이 절대적으로 필요한 이유가 된다.

BJ들의 음악선곡은 이처럼 방송 콘텐츠에 맞게 선곡하는 동시에

BJ 자기 이미지에 어울리는 음악을 고른다. 시청자들에게 '어? 이 BJ 는 이렇게 아름다운 음악을 듣네?'라고 생각되도록 만든다. 실제로 그 BJ가 그 음악을 좋아하고 안 하고는 크게 중요하지 않다. 오직 그 방송에서 시청자들이 듣기에 BJ랑 음악이 어울린다고 여기게 하면 그뿐이다. 그래서 매일 똑같은 음악을 트는 건 바람직하지 않다. BJ 랑 어울린다는 평을 듣는 음악을 기본적으로 선곡하고 나머지 시간 대에는 시청자들에게 인기 있는 음악을 튼다.

신곡을 틀어놓고 장르 등에 대해 작사작곡을 설명하거나 시청자 들이 잘 모르는 음악을 골라서 트는 건 음악방송에서 할 일이다. BJ 들은 시청자들과 유쾌하고 편안한 하루를 마무리하는 역할만 잘 해 내면 된다. 전문 DJ가 될 필요가 없다. 음악전문가가 되어 '이 곡은 ~~ 이렇습니다!'라고 설명할 필요도 없다. 시청자들은 음악 들으러 온 게 아니라 BJ랑 대화하러 왔기 때문이다.

음악을 틀고 무슨 곡이냐고 시청자들이 물어볼 때 "나 이곡 좋아 해. 요즘 연습 중이야." 한마디만 하면 끝이다. 시청자들은 그 노래는 BJ가 좋아하는 노래하고 여기고, 그 순간부터 그들도 그 노래가 좋 은 노래라고 여긴다.

　　방송 준비가 끝났다면 이제부터 본격적으로 시청자들과 나누는 대화 스킬에 대해 알아두자. 시청자들이 '아' 하면 BJ는 '어'할 정도가 되어야 한다. 시청자들이 ㄱㄴㅇ라고 쓰면 BJ는 '가긴 어딜가?'라고 대꾸할 정도면 된다. 시청자들이 ㅇㅈㄱ이라고 쓰면 '내 방송이 무슨 영정각이냐? 이 정도 수위는 기본이야. 영구정지 안 당해!'라고 대답할 수 있어야 한다.

　　우선 한 가지 기억해야할 점은 당신의 방송이 당신을 좋아해주는 사람들하고 공유하는 방송이라는 점이다. 당신에게 비신사적으로, 비매너적으로 글을 올리고 따지려고만 드는 사람들하고는 일일이 응대할 필요가 없다. 실제 생활에서 예의가 필요한 것처럼 온라인에서도 예의가 필요하다. 특히 인터넷방송은 BJ와 그 사람 외에도 많은 사람들에게 공개된 장소다. 그런 곳에서 비매너적으로 행동하는 시청자가 있다면 다른 사람들을 위해서라도 블랙리스트에 올려야 한다.

　　좋아해주는 사람에게 집중해야 한다. 비매너 시청자들의 채팅은 반응하지 말고 무시하거나 받아치는 게 좋다. 나쁜 시청자들에게까지 BJ의 시간을 빼앗기지 말아야 한다. 그런 것까지 일일이 신경 쓰고 마음 다치고 그러면 정작 내 방송을 기다리고 좋아해주는 시청자들에게 피해가 된다. 이제부터 시청자들과 BJ가 나눌 수 있는 최고의 드립에 대해 알아두자.

모바일 시청자를 상대하는 실시간 채팅 대꾸법

인터넷방송은 스마트폰에서 시청하는 사람들이 많기에 모바일용 방송이기도 하다. 스마트폰상에서 작은 화면을 상하로 나누어 아래에는 채팅창을 열고 위에는 영상을 보여주는 방식으로 진행이 된다. 시청자들이 유료아이템을 BJ에게 선물하면 채팅창에서 영상 창까지 이모티콘 창이 생기며 알림표시가 된다.

그래서 BJ들은 스마트폰 채팅창에서 눈을 떼지 못하며 줄곧 스마트폰만 바라보며 방송을 하곤 하는데 이 모습은 방송보다는 채팅창에 뜨는 유료아이템 이모티콘 창을 기다리는 모습으로 비춰진다. 어느 시청자라도 선물을 해주기만 하면 리액션을 해줄 준비를 하는 것과 같다. 그래서 시청자들은 이런 일부 BJ들의 모습 대신 제대로 된 콘텐츠를 만들라는 요구를 하게 되는 일도 생긴다. 최근엔 좋은 콘텐츠 중심으로 방송을 만드는 BJ들이 늘어나면서 이젠 거의 사라진 예전 모습들이기도 하다.

그런데 이렇게 모바일상에서 방송 진행 화면을 볼 때는 작은 화면 때문에 시청자들의 채팅에 일일이 답을 못 해줄 때가 있는데 그런 경우 이용할 수 있는 아이디어가 있다.

채팅창에 올라오는 글은 매우 빠르게 아래에서 위로 움직인다.

읽으려고 하면 금세 사라진다. 이럴 때는 시청자들의 채팅을 읽어주는 대신 아이디만 말해주고 액션으로 답해주는 게 좋다. 자연스럽게 방송 콘텐츠가 되고 다른 시청자들에게도 열심히 하는 BJ의 모습으로 비춰진다. 생각해보라. 스마트폰 채팅을 읽고 다시 팔을 내린 후에 카메라를 보며 대답을 해주는 게 나은가, 아니면 채팅을 보고 시청자 닉네임을 불러주고 액션으로 답을 해주는 좋게 보이는가? 손바닥 안에 들어오는 스마트폰이기에 어떤 움직임에 제약도 없다. 스마트폰 방송 진행에서 시청자들의 채팅에는 액션 대답이 답이다.

시청료를 받을 때 이런 드립과 함께 리액션이 중요하다!

유료아이템으로 시청료를 내는 시청자들이 있다. 대부분 BJ들에게 선물하는 선물로 여기는데 어떤 시청자가 유료아이템을 선물할 때마다 BJ들이 감사의 표시를 표현하는 걸 '리액션'이라고 한다. 이런 경우 리액션만 하지 말고 드립을 같이 하는 게 중요하다. '말 보다 행동'이 아니라 '말과 행동'이어야 한다.

가령, 사랑한다는 하트 표시나 고맙다는 배꼽인사는 진부하다. 아무리 여러 번 말해도 이미 익히 봐오던 것인지라 새로울 게 없다. BJ

만의 차별화된 인사방식이자 리액션을 만들면 방송 콘텐츠 품질도 올라가고 시청자들로서도 조금 더 달라진 새로운 방송을 보는 즐거움이 생긴다.

시청자가 유료아이템을 선물로 줄 때에는 하트표시나 인사 같은 리액션과 함께 이런 드립을 만들어 넣는다. 예를 들어, "시청자가 원하는 대로 말 따라하기" 식이다. 시청자가 '너를 좋아해' 말해주세요 하면 똑같이 말해주는 식이다. 물론 방송 규칙 내에서 허용되는 범위 내에서만 가능한 내용이어야 한다.

또는 리액션을 취하면서 BJ의 말소리는 묵음처리하는 방식도 있다. 입을 벙긋거리되 소리는 내지 않고 시청자에게 전하는 메시지인 셈이다. 시청자들 입장에서는 BJ가 도대체 뭐라고 했는지 궁금하게 되고 똑같은 상황을 여러 번 만들더라도 도대체 무슨 말을 하려는 건지 알아내려고 애쓰게 된다. 방송 콘텐츠를 또 색다르게 만드는 순간이다.

카메라 앞에서 드립은 말하기 그리고 표정 짓기

카메라 앞에서는 굳이 말하지 않아도 된다. 시청자들이 추리해서 알아낼 수 있도록 무언의 표정만으로 드립을 쳐도 된다. 말하게 되면 시청자들에게 바로바로 의미전달이 되지만 그것으로 끝이다.

반면에 무언의 표정으로 메시지를 전하면 시청자들 사이에 경쟁이 벌어진다. 방송 참여가 활발해지고 BJ의 표현을 알아내기 위해 시청률이 더 높아진다.

얼굴 표정 외에도 마임처럼 행동으로 표현을 해도 좋다. 드립이라고 해서 반드시 말로 소리를 내는 게 아니다. 리액션과는 조금 다르다. 마임은 어떤 의사표시를 제스추어로 하는 것인데 리액션은 누구나 아는 행동이기 때문이다. 마임이 수수께끼라면 리액션은 수화라고 할 수 있다. 시청자들은 BJ와 방송을 즐기기 위해 기꺼이 수수께끼를 풀려고 달려오게 된다.

소품 활용은 드립을 살려준다며?

말하는 인형이나 요란한 소리 나는 기괴한 장난감을 이용하는 BJ들도 있다. 시청자들과 퀴즈를 풀거나 게임을 해서 지거나 이겼을 때 재미있게 하기 위한 장치들이다. 하지만 이런 소품으로 이뤄지는 진행은 기존의 TV 채널 등에서도 익히 사용하던 방식이라서 인터넷 방송만의 차별화가 되진 않는다. 이럴 땐 소품만으로 뭔가 특색 있게 해줄 수 있는 아이디어를 활용해야 한다. 특히 시청자들은 BJ의 실제 목소리를 듣기 원하는데 거기에 대고 장난감 소리를 내게 되면 듣는 사람 입장에선 기대치가 줄어들게 된다.

가령, 소품을 써서 방송 진행을 할 경우엔 소품에 BJ의 목소리를 입혀주는 게 더 낫다. 인형을 예로 들어서 시청자랑 대화를 할 때는 인형에게 카메라를 비추고 BJ는 사라져 안 보이게 한 후 시청자와 대화를 할 때마다 인형이 말하는 것처럼 보여준다. 카메라는 인형을 비추지만 목소리는 BJ의 실제 목소리를 내는 방법이다.

인형이 아니더라도 상관없다. 시청자의 질문에 엉뚱한 곳, 예를 들어 키보드 또는 수면양말 등에 카메라를 비추고 시청자랑 대화하는 방식도 재미있다. 시청자가 말하면 수면양말이 대답하는 방법이다. 물론 목소리는 BJ 실제 목소리다.

시청자 : "오늘 하루 어땠어요?"
수면양말(BJ) : "냄새 났어요."
시청자 : "우리 BJ님은 냄새 안 나요. 그건 분명 다른 냄새 일 거예요."
수면양말(BJ) : "네 맞아요. 여긴 뽀삐(애완견) 집이에요.
완전 개부끄러워."

예를 들면 이런 식이다. 시청자와 대화하는 소품, 그런데 목소리는 BJ의 목소리다. 오묘한 상황설정 극이 될 수도 있지만 시청자들 입장에선 BJ 주위로 보이던 소품들과 대화를 한다는 재미에 즐겁게 된다.

BJ들 중에는 최근엔 유튜브 영상에 써먹을 드립을 확보하느라 때 아닌 '분량 만들기'에 열심이다. 방송 진행보다는 유튜브 영상을 위해 방송을 하는 것처럼 보일 정도다. 방송을 하다가도 매니저나 편집자들에게 '오늘 분량 나왔지?'라고 말하는 경우도 있다. 이거 무슨 TV에 출연한 연예인들이 방송시간 분량 만들기에 집중하는 것과 다를 바 없다.

유튜브에 써먹을 수 있는 드립이란 건 결국 재미있는 영상용 채팅이다. BJ의 순발력이 발휘되는 순간이기도 한데 어쩌다가 걸리는 드립뿐 아니라 BJ가 작정하고 준비한 드립도 사용되는 경우가 생긴다. 이게 모두 다 유튜브 때문이라지만 어쩌겠는가, 요즘 트렌드가 인터넷방송 그리고 유튜브 업로드인데.

BJ들이 만드는 유튜브 영상은 너무 길면 안 된다. 방송 그대로 올린다는 건 '스킵해주세요'라고 말하는 것과 같다. 광고도 안 붙고 동영상도 안 본다. 유튜브에 올릴 영상은 3분 이내가 가장 적당하고 길어도 5분을 넘기면 안 된다. 스마트폰으로 영상 보는 사람들이 5분 정도 길이라면 지루함을 갖는다. 너무 길다고 여긴다. 재미있는 내용으로 빠르게 볼 수 있는 3분 정도 분량이 적당하다.

유튜브 영상은 '구독하기'가 중요하고 짧지만 강한 재미가 중요하다. 구독하기는 신문 구독처럼 영상을 구독하겠다는 사람을 말하는데 구독자 수가 많을수록 그 BJ가 영상을 올릴 때 기본 조회수 이상은 확보가 된다는 이점이 있다. 구독하는 사람들에게 영상이 자동 배달되기 때문이다. 그리고 짧은 재미란 BJ만의 재미면 안 된다. 구독하는 사람이나 BJ의 영상을 본 사람이 그들의 친구들에게 페이스북으로 전달해줄 수 있는 내용이어야 한다.

그들은 친구들과 이런 식의 대화를 한다. BJ가 알려지는 경로다. 유튜브와 페이스북이 연동되면서 BJ들의 영상이 재밌기만 하면 자동으로 시청자 수가 늘어나는 이점이 있다. 그들은 새로운 시청자가 되며 페이스북 링크를 타고 들어온다.

말하는 속도가 중요하다. BJ가 말하는 속도는 너무 빨라도 안 되고 너무 느려도 안 된다. 시청자들과 대화하듯 적당한 속도에 또박또박한 말투가 필요하다. 그래야만 시청자들이 제대로 알아듣고 제때제때 방송에 참여하게 된다. BJ의 말소리가 너무 작거나 우물거리면 시청자들이 채팅창에 즉각 반응을 하게 된다.

'네? 네? 뭐라고요? 다시 한 번 더 말해줘요.
BJ님 말소리가 너무 작아요.'

정확한 발음은 BJ가 연습해야한다. 볼펜을 옆으로 치아 사이에 물고 발음하기 연습도 필요하다. 가나다라부터 시작해서 ABCDE등으로 이어지며 여러 발음을 연습한다. 발음이 꼬이게 되는 어려운 단어를 모아두고 연습을 해도 좋다. 발음만은 BJ 스스로 고쳐야 한다.

그리고 발음 교정이 제대로 된 상태에서 방송 진행 시에 알아둘 점은 마이크와 입의 거리다. 너무 가까우면 시청자들 귀가 울리고, 너무 멀면 모기소리만 들린다. BJ 얼굴과 마이크 거리는 30cm 정도로 간격을 두고 방송을 한다. 경우에 따라 BJ의 목소리를 감안하더라도 적당한 간격 유지가 중요하다. 초대손님이 있을 때는 특히 신경 써야 한다. 방송 시작 전에 카메라 앞에 앉아서 마이크를 테스트하고 볼륨 소리를 조정해두는 게 중요하다. 여러 발음 소리를 내면서 마이크 볼륨을 체크하고 시청자들 귀에 들리는 소리감도를 체크해서 가장 좋은 느낌으로 전달될 수 있도록 체크한다.

진행 내용을 말하는 속도는 일상 대화에서 마트에서 물건 살 때 속도로 말하면 좋다. '얼마에요?', '계산이요!'라고 말하는 속도대로 발음하면 듣는 입장에서도 편하다. BJ의 발음 속도를 얘기하면서 '마트에서 물건 살 때'의 경우를 예로 들었냐 하면 이 순간이 말하는 사람 입장에서 가장 마음 편하고 안정된 상태이기 때문이다.

"계산이요."

이 장면을 떠올려보자. 당신이 카트에서 물건 살 때 긴장하는가? 호들갑떠는가? 두려운가? 마트 계산대 아주머니가 무서운가? 거스름돈이 공포스러운가? 마트 바구니가 중압감을 주는가? 절대 아니다. 당신이 지극히 편안한 상태에서 나오는 말소리가 시청자들 귀에 들릴 때도 가장 편안한 말소리가 된다.

04 인기 BJ의 전략 노하우

인기 BJ는 연예인이다? 아니다?

정답은 인기 BJ는 '준연예인이다'가 된다. 연예인이면 연예인이고 아니면 아니지, 준연예인은 무엇인가? 따지지 말자. 연예인과 준연예인의 차이는 출연 매체의 차이다. 인지도의 차이라고도 볼 수 있다.

예를 들어 보자. 국내에서 잘 알려진 인터넷방송 사이트 한 곳의 총 회원 수는 약 1,000만 명이다. 조금 넘는 수준이다. 여기 사이트에서만 활동하는 BJ들의 수는 약 22만 명 수준이다. 그럼 다시 이 사이트에서 순위 100위 안에 드는 BJ들의 평균 방송 시청자 수를 계산해보자. 많으면 5~6만 명, 적으면 몇 십 명도 있다.

이걸 시청률로 환산하자면 1,000만 명중에 5만 명으로 치고, 이 사이트에서 1위 BJ의 평균 시청률은 0.5%다. 다른 비유를 하자면 인구 수 1,000만 명 나라에서 1위를 차지하는 방송 시청률이 0.5%라는 얘기랑 같다.

"회원이 아닌 사람들도 BJ 방송을 볼 수 있으니까
단순 비교는 불가능하다!"
"유튜브랑 페이스북 시청자들도 있으니까 그들까지
다 합쳐야 한다!"

이런 주장은 의미가 없다. 그래봤자 총 회원 수 대비 1% 안 되는 시청률이다. 그런데 이 사이트에서 활동하는 인기 BJ들은 어떻게 많이 알려진 것처럼 홍보되었을까? 그건 인터넷사용자 층에서 게임을 좋아하고 온라인쇼핑몰 좋아하는 연령대 계층이 인터넷방송 BJ를 알고 시청자가 되는 이유와 같다. 20세에서 29세까지 세대층이라고 간주할 때 1년에 국내 출생 인구가 40만 명이라고 하면 10년 동안 출생한 인구는 400만 명이 된다. 그럼 조금 범주를 넓혀서 15세 이상 35세 미만으로 20년 기준으로 계산해 본다면 800만 명이 된다. 조금 더 넓혀서 계산해 본다면 15세 이상 40세 미만으로 생각할 경우, 1,000만 명이 된다.

BJ라는 걸 아는 사람들이 총 1,000만 명이라고 계산할 때 이들 중에서 1위 BJ 방송을 보는 사람이 5만 명으로 시청률 0.5%란 소리다. 나머지 2위, 3위 등등의 BJ 방송을 시청하는 사람들 다 합쳐도 20만 명이 채 안되는데 20만 명으로 계산할 때도 총 회원 대비 2% 시청률이란 소리가 된다.

여기서 시청률을 계산하는 이유는 1) 인기 BJ가 될 수 있는 시장이 아직도 넓다 2) BJ란 분야를 아는 사람들이 15세 이상 40세 미만 연령대의 청장년층들이라는 걸 말하기 위해서다. 지상파 시청률 중에서 제일 낮은 시청률을 가리켜 3% 시청률이라고 말한다. 이른바 애국가 시청률이다. 그래도 5천만 명 중에 3% 면 150만 명이 본다는 얘기다.

자, 그럼 중요한 결론이다. 인기 BJ가 될 수 있는 시장이 아직도 넓다. 시장이 그만큼 크다. 누구에게나 기회가 열린 시장이란 소리다. 지금 망설이면 더 늦을 뿐이다. 이 기회를 잡아야 한다는 걸 알아야 한다. 이번 단락에서는 인기 BJ들이 시청자들을 관리하는 방법에 대해 알아두도록 하자.

BJ 1위가 진행하는 방송의 시청률이 0.5% 정도라고 하는데 그 방송도 알고 보면 게임방송이다. 이게 무슨 뜻일까? 게임방송, 엽기방송, 여캠방송, 먹방, 음악방송으로 획일화된 인터넷방송 분야에서 나만의 아이디어로 콘텐츠를 차별화한다면 얼마든지 시청률 1위를 차지할 수 있는 기회가 있다는 얘기다.

욕방송은 더 이상 관심을 끌지 못하고 엽기방송은 밀려나갈 때만 기다려야 할지 모른다. 10년 뒤에도 자기가 출연한 영상이 인터넷에 돌아다니는 걸 걱정할 행동만 안 하면 된다. 꾸준히 방송하면서 좋은 콘텐츠로, 제대로 된 방송 진행으로 시작한다면 인기 BJ 자리는 누구에게나 열려 있다.

고도로 발달한 사회일수록 기회의 문이 점점 좁아진다고 가정할 때 인터넷방송 BJ 분야는 아직 채 열리지도 않은 블루오션 중에 블루오션이라고 볼 수 있다. 스마트폰 사용자 확대로 쓸만한 콘텐츠가 시급히 필요한 시장이다. 그 시장을 당신이 차지하지 말란 법은 없다.

이웃BJ들끼리 합방(공동방송) 하는 이유가 궁금해?

BJ들이 합방(합동방송)을 하는 이유를 알아두자. 예를 들어, 김무난(가명)이란 BJ가 있다. 무난하게 방송을 한다. 표준어를 쓰려고 하고 방송 내용도 평범하다. 상식도 알려주고 음악도 인기곡으로 꼬박꼬박 틀어주며 시청자들의 대화에 대응하는 말솜씨 드립력도 갖춘 사람이다. 그럼에도 불구하고 이상하게 시청자 수가 늘어나지 않았다. 일정하다. 어제도 오늘도 내일도 일정한 수준이다. 김무난 BJ가 시청자들을 더 늘리려면 어떻게 해야 할까?

'합방'은 전략 중의 하나다. 생각해보자. 시청자들은 모니터 화면만 본다. 그 안에 1명의 BJ가 나오는 것과 2명의 BJ가 나오는 것 중 어느 게 나을까? 당신이 시청자라면 김무난 BJ의 방송을 보다가도 다른 BJ의 방송을 보고 싶을 때가 있다. 김무난 BJ의 방송 스타일이 좋으면 그냥 그대로 시청하겠지만 어느 순간 재미없을 때가 있거나 지루하다 싶을 때, 김무난 BJ가 자리를 비웠을 때 등등, 다른 BJ를 보려고 한다. 마우스 클릭 하나로 떠나간다.

그래서 김무난 BJ가 합동방송을 제안한다. 시청자들이 궁금해하는 BJ에게 같이 방송 하자고 초청해서 자신의 스튜디오로 오게 한다.

김무난 BJ와 다른 BJ가 김무난 BJ방송을 동시에 진행하는 식이다. 시청자들은 김무난 BJ 방송만 보다가 다른 BJ가 오니까 '동시에 두 명의 BJ 방송을 보는 효과'를 누린다. 시청자로서도 이득이다.

그럼 '유료아이템을 선물받으면 누가 가질까?' 김무난 BJ가 다른 BJ를 초청하면서 제안을 한다. 비율을 정해서 나누자든가 당신이 다 가지라고 한다. 합동방송 해주는 대가로 당신에게 유료아이템을 모두 주겠다고 한다. 초청을 받은 BJ 입장에서도 나쁜 것만은 아니다. 자신의 방송을 보는 시청자들 외에도 다른 BJ의 시청자들에게 자신을 알릴 기회다. 김무난 BJ에게는 시청률 상승을, 다른 BJ에게는 유료아이템 추가확보와 더 많은 시청자들에게 자신을 알리 기회가 된다. 그리고 자신의 방송을 안 하는 것도 아니다. 김무난 BJ 방송을 하면서 거기서 자기 방송을 켜서 같이 방송할 수도 있다.

먹방하는 BJ의 전략

'먹방'은 '먹는 방송'이다. 얼마 전부터 최근까지 유행하는 방송 콘텐츠다. 먹방은 인터넷방송 BJ들이 먼저 시작했다. 그리고 지상파TV로 이어지고 케이블TV에서도 먹방을 방송 중이다. 연예인들인 출연해서 요리하고 밥을 만들어 먹고 '단순한 식사'만 하는데도 시청률이 높다. '먹는다'는 가장 기초적인 본능을 건드린 콘텐츠라서다. 조만간 '잠자는 방송'이 나올지도 모른다. 일부 BJ들이 이미 시작한 콘텐츠인데 자신이 잠자는 상황을 그대로 방송을 하는 중이다.

먹방은 시청자들의 시장기를 달래주는 효과도 있다. 몸매관리, 외모 만들기에 치중하는 청소년들과 20~30대 청년층에게 먹방은 다른 사람이 먹는 것만 봐도 신기하고 배가 부른 대리만족 효과를 준다. 그래서 BJ들에게 다음에 먹방할 때 쓰라고 유료아이템을 선물로 준다. BJ들이 먹방을 하는 이유다.

음식을 사이에 두고 BJ와 시청자가 대화를 나눈다는 점도 먹방의 또 다른 재미요소 중에 하나다. '밥 한 번 먹자'라는 말이 남녀 사이에 만남을 시작하는 얘기가 되는 시대이므로, 남자들 사이에서는 '술 한 잔 하자'가 되겠지만 말이다. BJ들이 먹방을 할 때는 주로 이성 시청자들이 많이 찾는다. 그래서 일부 남자 BJ들은 초대손님으로 여성을 출연자를 모시고 같이 먹방을 하기도 한다.

'누가 밥 먹는 거 옆에서 쳐다보는 게 제일 이상한 것'이란 이야기가 있다. 그런데 방송에선 그럴 수가 있다니? 시청자들에게 흥미를 갖게 하는 요소다. 이를테면 식당에 가서 다른 사람 테이블에 뭐가 있는지, 그들이 뭐를 먹는지 모르지 않은가? 일일이 쳐다보기도 민망하고, 그렇다고 그 식당 처음 갔는데 뭐가 맛있는지 메뉴 잘못 골랐다가 실패하기 십상이고 난처할 경우가 있다. 시청자들이 공감했던 상황이다. 그런데 BJ가 먹방을 할 때는 어떤 메뉴인지, 그들이 뭐를 먹는지 다 볼 수 있다. 일종의 쾌감이 생긴다.

<u>인기 BJ들은 왜 정기모임(팬미팅)을 할까?</u>

BJ들은 어느 정도 시청자가 꾸준히 방송을 본다고 생각되면 정모(정기모임)를 한다. 스타도 아니고 팬클럽도 아닌데 왜 정기모임을 하며 마치 팬미팅처럼 시간을 만들까? 팬들과 함께 하는 스타의 자원봉사 행사도 있는데 왜 그렇게 할까?

BJ들은 시청자들이 팬이다. 시청자 입장에선 단지 BJ들로 보더라도, BJ들로서는 자기를 좋아해주는 사람들이 와서 방송을 본다고 여긴다. 일부 시청자들 중에는 BJ를 스타로 여기고 팬클럽 행동을 하기도 한다. 일종의 스타와 팬의 만남이 된다. 어떤 대상을 여러 명이 좋아한다면 그 대상이 되는 사람이 스타다. 스타라는 기준이 '동시에 많은 여러 사람이 한 사람을 보는 것'이라고 할 때 성립되는 말이다.

정기모임은 그래서 BJ들이 모니터로만 대화하던 사람들을 위한 일종의 팬서비스다. 시청자들은 '그림(모니터) 속에서만 보던 BJ'를 직접 만날 수 있으므로 엄청난 긴장과 흥분을 하게 된다. 여기서 흥분은 가슴 떨림이다. 모니터에서 내 이야기를 들어주던 사람들과 이야기하던 BJ를 직접 실물로 만나고 대화를 하고, 같이 식사도 할 수 있다니 엄청난 기회라고 여긴다. 시청자들이 정기모임 후에 그 BJ 방송에 꾸준히 출석(시청)하게 된다.

하지만 정기모임이 좋은 것만은 아니다.

BJ는 시청자들과 조금 떨어진 곳에서 머무는 뭔가가 있어야 할 때가 있다. 신비주의는 아니더라도 '시청자들이 가까이 다가갈 수 없는 그런 장소에 머무는 존재'라는 이미지를 만들 필요가 있다. 누구나 다가갈 수 있고 만날 수 있으면 '스타'로서의 기대감이 사라진다. 모니터 속에서만 만나고 신비감을 갖는 존재여야만 '스타'로서의 가치도 유지된다.

시청자들이 모인다. 시청자들의 친구와 친구들, 가족들에게도 소문이 난다. 시청자들이 많아지고 여러 사람이 보는데 어쩌면 그렇게 한결같이 '이 BJ는 모니터 속에서만, 방송만 하는 사람이야. 다른 데선 볼 수가 없어!'라는 말이 나올까 싶을 정도다. 그래서 1년에 한 번 어디 공식 행사장에 이 BJ가 나온다고 하면 사람들이 웅성거린다. 실물을 보자! 실제도 그런지 확인하겠다며 행사장에 사람들이 몰려든다.

물론 실물과 모니터 속 인물을 크게 차이가 없다. 하지만 거기까지. 또 그 BJ는 모니터 속에서만 머문다. 방송을 꾸준히 하긴 하는데 만나는 사람도 드물다. 대외 활동을 활발히 하는 것도 아니다. 오로지 BJ만 한다. 시청자들이 이 BJ에게 열광하는 이유다. 다른 BJ들처럼 외부행사 많이 하고 잡지나 매체 인터뷰나 화보촬영도 하게 되면 유명세를 얻고 더 늘릴 것 같지만 오히려 신비감이 줄어들어서 기대치가 줄어든다.

아니다.

BJ들도 착각을 한다. 인기가 있으니까 방송 인터뷰도 하고 출연도 하는 게 아니다. 인터넷방송 BJ이니까 정보가 되기에 TV에서 부르고 콘텐츠로 소개할 뿐이다. 거기서 끝이다. BJ가 다시 모니터 앞에 앉아도 시청자들은 예전처럼 열광하지 않는다. 이미 TV를 봤다는 애기다. 처음엔 신비감도 있고 인터넷방송에서만 만나는 BJ라는 특수성으로 좋아했는데 어느 순간 TV에 나오고 인터뷰도 하고 화보도 찍는 걸 보니 시청자들이 평소에 알던 평범한 그런 같은 사람이었다는 이미지를 얻게 된 게 이유다. BJ에겐 방송 섭외도 툭 끊긴 상태가 된다.

BJ들이 꼭 기억해야하는 시청자 챙기기 노하우

BJ들을 위해 노하우를 하나 공개한다. 시청자를 확보하는 방법이다. 시청자들은 마우스로 움직인다. 그들이 A의 방송을 보고 B의 방송을 보는 건 그 방송에 BJ가 재미있어서, 좋아해서가 아니다. 시청자들 중에 극히 일부만 BJ를 좋아하고 팬으로서 활동한다는 점을 기억하자. 그러면 다른 시청자들은 뭘까? 그들은 인터넷방송이라는 콘텐츠 자체를 즐기는 사람들이다. BJ를 좋아하는 게 아니라 인터넷 방송이라는 큰 틀 안에서 콘텐츠를 즐기면서 BJ들의 방송을 메뉴 고르듯 다니는 사람들이다.

그래서 시청자들을 많이 확보하는 한 가지 아이디어가 있다. 가장 무난하게 이벤트를 거는 방식이 있긴 하다. BJ가 선물을 준비하고 시청자들과 함께 퀴즈를 풀거나 미션을 제시해서 달성하는 시청자들에게 증정하는 이벤트다. 오프라인의 택배로 부쳐주는 선물도 가능하겠지만 온라인으로 주고받는 아이템이 더 좋다. 이벤트 달성과 동시에 바로 선물을 받기 때문에 시청자들로서도 재밌다. 노력 대비 결과치가 바로 나오기 때문이다.

이런 이벤트 방법 외에 다른 방법도 있다. 어려운 것도 아니다. 이벤트가 돈이 든다면 이 방법은 돈도 안 든다. 그건 단지 '시청자 닉네임 불러주기'다. 채팅창에 있는 시청자들 닉네임을 일일이 불러주는 게 중요하다. '무리 속에 한 명one of them'이란 인식을 주지 말고 '오직 너only you'란 인식을 갖게 해야 한다.

"시청자 수가 100명 일 때는 그렇다고 해도 1천 명, 2천 면 게다가 1만 명 넘어갈 때는 어떻게 해요? 불가능해요!"

시청자가 많을 때 BJ들은 유료아이템을 선물한 시청자의 아이디

또는 닉네임을 불러주는데 그건 아니다. 유료아이템을 선물해주는 시청자들에게는 닉네임 호명과 동시에 리액션을 해주고, 다른 시청자들을 위해선 닉네임을 기회 될 때마다 불러주는 게 중요하다. 어떤 채팅은 읽어주고 어떤 채팅은 안 읽어주는 건 BJ의 선택이다. 하지만 시청자들이 방송을 보고 있는데 그들 모두가 BJ에게 소중한 사람 아닌가? 닉네임 정도는 불러줄 수 있다. 말을 빨리 할 필요도 없다. 방송을 하면서 글이 자주 올라오는 시청자의 닉네님을 불러주면 된다. 이런 식이다.

"네. 오늘 날씨가 엄청 좋았죠? 오늘 같은 날 시청자분들은 어떻게 지내셨는지 궁금해요. 채팅창에 ㅇㅇㅇ님, ㅇㅇㄷ님, ㅂㅁㅇ님, ㅇㄴㄷ님, ㄱㅎㄴ님, ㅈㅇㄴ님은 어떠셨어요?"

시청자로서는 BJ의 멘트를 듣다가 자기 닉네임이 나오면 깜짝 놀라기도 하고 당황스러워한다. 유료아이템도 선물하지 않았는데 자기를 불러주다니? 이 BJ가 다른 BJ들과 뭔가 다르다는 생각을 갖게 된다.

BJ가 시청자들 닉네임을 불러주기 시작하면서 시청자들이 열심히 채팅을 올리기 시작할 수 있다. 스크롤이 빨라서 도저히 읽기도 힘들 때가 생긴다. 이럴 땐 BJ가 노래를 부르거나 잠시 대화를 멈추고 음악을 틀거나 사진을 띄운다. 그러면 시청자들이 올리는 채팅

숫자가 점점 줄어든다. 그러면 다시 적당한 기회를 봐서 닉네임을 불러주기 시작하자. 그리고 힘들면 힘들다고 얘기해도 된다.

BJ가 열심히 하겠다는데 그 방송을 떠날 시청자는 없다.

BJ가 왜 노래를 하는지 알려줄까?

BJ가 노래를 한다? 왜 할까? 노래를 잘하는 것도 아니다. 그런데 왜 노래를 할까? 인기 BJ가 되면 시청자 수 관리가 필요하다. 인터넷 방송을 할 때는 개인방송국마다 제한된 시청자 수가 있다. 어떤 BJ에겐 무제한, 어떤 BJ에겐 1천 명, 이런 식이 아니라 평균적으로 몇 명의 시청자가 원활히 볼 수 있는 인원 제한 수치 같은 의미다. 그래서 만약에 5천 명이 되었다면 그 방송에 영상이 느려지고 화면에 렉이 걸리는 등의 장애도 일어날 수 있다. 물론 기술적인 조치만 하면 금새 완화되는 노이즈이긴 하다.

여기서 인원 관리하고 하는 건 그런데 이런 기술적인 조치로 푸는 관리를 말하는 게 아니다. BJ가 인원 관리 한다고 하는 건 시청자 유입을 말한다. 예를 들어 보자. 1천 명이 시청하고 있다. 그런데 들어가고 나가는 시청자도 없는 것 같고 일정하다. 단지 유료아이템 선물을 주는 시청자가 별로 없다. 방송을 재미있게 만들어주는 채팅을 올려주는 사람들도 없다. 점잖게 모니터만 켜두고 있는 것 같다. BJ는 어떻게 할까?

노래를 부르자. 시청자들이 나간다. 최소한 5분 정도는 다른 BJ방송에 가서 보다가 와도 되겠다고 생각한다. BJ가 노래를 부르는 사이 꽤 많은 수의 시청자들이 빠진다. 그들은 다른 BJ 방송에 가는 사람들이다. 어떤 면에선 BJ가 좋아서 방송을 보는 게 아니라 뭔가 재미있는 게 안 나오나 대기하던 사람들이었다. 그들이 떠난 사이 새로운 시청자들이 들어온다. 이 BJ는 시청자 수를 조절해서 일부 새로운 시청자들이 들어오게 하는데 성공했다. 방송이 다시 활발한 상태가 되었다.

남자 BJ와 여자 BJ가 사귀는 이유

남자 BJ가 여자 BJ를 만나고, 여자 BJ가 남자 BJ를 만난다. 그들은 왜 연애를 할까? 남녀가 만나는데 이유는 없다. 서로 상대방의 방송을 보다가 마음에 들어서, 자기가 꾸는 꿈을 같이 할 수 있어서 호감을 갖게 되고 만남을 제안하며 사귀게 될 수 있다. 그러다가 연인이 되고 부부가 될 수도 있다. 실제로 BJ들은 서로 연인이 되고 부부가 되는 경우도 생겼다.

또 다른 연인들이 있다. 남자 BJ들 중에 콘텐츠가 필요해서 의도적으로 만나는 여자 BJ들이다.

"연애하는데 무슨 목적을 갖고 해요? 진짜 나쁜 것 아니에요?"

아니다. 나쁜 뜻으로 하는 연애가 아니다. 남자의 마음은 진실이고 여자의 호감도 진실이다. 남자와 여자가 만나는 건 정상적이다. 여기서 말하는 남자BJ의 의도적 만남이라는 건 '저 여성이 마음에 드는데 내가 하는 일에도 같이 참여해줄 수 있을 것 같아. 연애도 하고 일도 같이 하는'을 의미한다. 이를테면 '일을 하기 위해 연애를 하는 게 아니라, 연애를 하려는데 나중에 일도 같이 할 수 있을 것 같은'을 말한다.

여자 BJ가 어떤 남자 BJ를 볼 때도 같은 상황이 생길 수 있다. 서로의 일에 대해 인정해주고 때로는 친구로, 때로는 파트너로 같이 할 수 있다면 얼마나 좋을까 여긴다. 게다가 그 사람이 자신의 연인이라면 같이 하는 일이 더욱 즐겁게 된다.

<u>한 달에 1천만 원 버는 BJ가 하루에 300만원 버는 BJ가 부러운 이유</u>

BJ에게 시청자들 수가 중요하다. 오늘은 100명, 내일은 1000명이라는 그런 식이 아니라 매일매일 300명이 고정적으로 시청해주면 그걸 더 좋아한다. 최소한 자기를 좋아해주는 팬들이 매일 300명씩 방송을 들어주고 같이 시간을 공유해준다는 느낌이 있어서다. BJ에게 시청자 수가 매우 중요하지만 그렇다고 해서 들쑥날쑥한 시청자들보다는 고정 시청을 해주는 사람들을 더 좋아한다.

BJ에게 시청자 수는 유료아이템을 선물해주는 팬들이기도 하다. '하나의 직업으로서 BJ'가 될 수 있는 이유는 유료아이템을 선물해주는 시청자들이 있어서인데, 유료아이템을 선물해주지 않고 방송만 시청해주더라도 고마운 시청자들이라서다. BJ에게 유료아이템이 꼭 필요한 건 아니다. 시청자들이 많으면 많을수록 BJ가 만들어낼 수 있는 콘텐츠가 많아지고 콘텐츠가 많으면 많을수록 부가수입을 얻을 기회가 BJ에게 더 많이 있다.

신입BJ는 시청자가 적다고? 천만에!

이제 막 인터넷방송을 시작한 BJ라면 시청자 수는 몇 명 또는 10여명을 간신히 넘긴 상태일 수도 있다. 남들은 수백 명 또는 수천 명과 같이 방송을 하는데 자기는 시청자 수가 너무 적다고 낙담할 수도 있다. 하지만 실시간 시청자 수가 중요한 건 아니다.

"인터넷방송을 하긴 했는데 실시간 시청자분들이 15명 정도에요.
페이스북 친구들에게 홍보하고 카톡으로도 방송 들으라고 하고

BJ의 방송을 실시간 시청하는 사람들은 누굴까? BJ의 고민은 여기서부터 시작되어야 한다. 많은 시청자 수를 유지하며 인기를 구가하는 BJ들을 보면 방송 BJ하기 전에도 여러 분야에서 인기를 얻은 사람들이란 걸 알게 된다. 특히 프로게이머 출신들이 많다. 프로게이머를 그만두고 인터넷방송으로 진출한 경우다. 그들이 게이머로 활동할 당시에 따르던 팬들이 인터넷방송 시청자가 되었다.

또 다른 경우라면 현재 인기 BJ들의 경우도 처음엔 몇 명 안 되는 시청자들과 함께 방송을 시작한 사람들이란 점이다. 그들이 방송을 한 시간은 1년 이상, 5년 이상, 8년 이상 등처럼 장기간 꾸준히 방송을 한 결과다. 오늘 방송했는데 당장 내일부터 수백 명이 시청하고 수천 명이 시청하게 된 사람들이 아니라는 이야기다.

맞다. 꾸준히 방송을 하는 게 중요하다.

하루에 밤 10시부터 새벽 1시까지 방송을 한다고 하자. 월요일부터 일요일까지 주 7일 간 방송을 한다고 할 때 매일 방송 시간을 지키는 게 쉬운 일이 아니다. BJ 스스로 나태해질 수도 있고 갑자기 일이 생겨서 방송을 빼고 싶은 충동도 생긴다. 그런데 그런 모든 상황을 극복하고 현재의 BJ들이 방송을 해왔고 인기 BJ 자리에 올라온 점을 알아야 한다.

그리고 콘텐츠의 힘이 필요하다. 단순히 예쁘고 목소리 좋고 여자 BJ인 점은 중요하지 않다. 그런 요소들로는 얼마 못 가서 사라진다. 시청자들은 BJ를 보고 오지만 콘텐츠를 소비하면서 오래 시청한다. BJ만 바라보는 건 1시간만 봐도 충분하다고 여긴다. 그래서 BJ들은 자신만의 콘텐츠로 방송을 진행하는 게 중요하다.

“녹화방송이나 중계방송을 하면 어떤가요?”

인터넷방송은 실시간으로 시청자와 BJ가 소통하는 게 가장 큰 매력이다. 실시간 소통이 어렵다면 인터넷방송의 의미가 줄어든다. 차라리 유명 연예인 나오는 TV 프로그램을 시청하는 게 낫지 뭐 하러 인터넷방송을 보겠는지 이유를 생각해보자. 매일매일 인터넷방송을 진행할 자신이 없거나 드문드문 방송을 하겠다고 할 경우에 자신의 BJ 전략은 어떤 게 있는지 생각해보고 나름의 전략을 잘 세워서 도전해보자. 인터넷방송 BJ 분야는 꾸준히 방송하고 동시에 지속적으로 콘텐츠를 만드는 사람이 승리한다.

여기까지 BJ들의 방송진행 노하우에 대해 알아두었다. 물론 이 외에도 많은 전략과 마케팅 방법, 홍보 노하우가 있는데 그건 숙달된 BJ들에게 어울리는 방법이므로 이 책에서는 최대한 초보 BJ를 중심으로 내용을 구성했다는 점을 밝힌다. 인터넷방송 BJ라는 분야는 하나의 직업이 되는 중이다. 그동안 스마트폰 시대가 열리고 모바일 기기 생활권이 되었음에도 마땅한 콘텐츠가 없어서 관련 업계에서는 난감해하던 상황이었다. 그 자리를 인터넷방송 BJ들이 꿰차기 시작했다는 게 중요하다.

인터넷방송 BJ의 문은 누구에게나 활짝 열린 상태다. 누구나 들어갈 수 있다. 그리고 모든 사람들에게 자리를 충분히 제공할 만큼 여유롭게 넓은 분야다. 취업이 안 되고 사업이 안 되고 직장생활이 어렵다고 고민만 하지 말고 인터넷방송의 문을 두드리고 BJ의 길에 나서보자. 콘텐츠 생산자로서 전문가가 되어가는 자신의 모습을 보게 된다.

BROAD CASTING JACKY

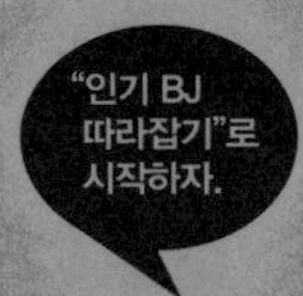

Part.6

나만의
인터넷방송국 만들기

01
오디션 프로그램은 이제 그만! 내 방송 만들고 스타 되기

02
방송 영상을 간단하게 편집하기

나만의
인터넷방송국 만들기

이제부터 인터넷방송국을 만드는 방법을 배우도록 하자. 인터넷 방송 서비스를 지원하는 사이트에서 나만의 방송을 만드는 방법에 대해 알아두고 각 사이트마다 장점을 이해하도록 하자. 음악 전문 방송이 장점인 곳도 있고 실시간 채팅이 장점인 곳도 있다. 게임방 송 진행이 장점인 곳도 있다. 나만의 인터넷방송을 진행할 때 어느 사이트가 어울릴지 잘 생각하고 나만의 장점을 잘 살릴 수 있는 곳 을 선택해보자.

01 오디션 프로그램은 이제 그만! 내 방송 만들고 스타 되기

TV방송에서 진행하는 오디션 프로그램이 인기다.

해마다 수만 명 수백 만 명이 지원해서 각자의 재능을 뽐내고 우열을 겨룬다. 하지만 고단한 승부의 무대에서 탈락자도 생기고 우승자도 생긴다. 지원하는 수에 비해 우승하는 사람의 수가 너무 적다. 그러면 탈락하는 사람은 재능이 없는 걸까?

아니다. 오디션 무대는 사람의 재능을 획일적으로 재단하는 게 문제다. 각자의 재능이 있고 그 사람만 타고난 끼와 실력이 있는데 어느 누군가의 고정된 시선으로 어떤 기준에 의해 재단하는 건 올바른 오디션이라고 볼 수 없다. TV 시청률을 고려하는 편집에서도 여러 사람들이 마음을 다치기도 한다.

이젠 TV 오디션을 잊어도 좋지 않을까? 여기에 인터넷방송이 있다. 자기만의 재능을 맘껏 뽐내고 자랑할 수 있는 무대가 있다. 그것도 자기가 직접 만들 수 있는 무대다. 내가 가진 재능을 내가 원하는 방식으로 사람들에게 보여줄 수 있는 무대, 인터넷방송이 사람들을 스타로 이끄는 꿈의 무대가 되리라 여긴다.

이 단락에서는 인터넷방송 사이트 중에서 방송국을 만든 후에 방송이 이뤄지는 플랫폼을 알아두자. 인터넷방송을 서비스하는 사이트는 무수히 많고 앞으로도 점차 생기는 중이지만 기본적인 방송 규칙만 알면 어느 사이트에서든 나만의 방송을 하는데 지장이 없을 것으로 생각한다. (아래 방송 사이트 순서는 무작위순)

세이캐스트 방송국 만들기

음악전문 방송에 좋은 세이캐스트 방송국이다. 회원가입 및 자기 방송국을 만들면 이런 형태의 방송국이 생긴다.

멤버를 선정해서 방송국을 같이 관리할 수도 있고 시청자 게시판에 사연도 읽어줄 수 있으며 음악 선곡표를 미리 공개할 수도 있어

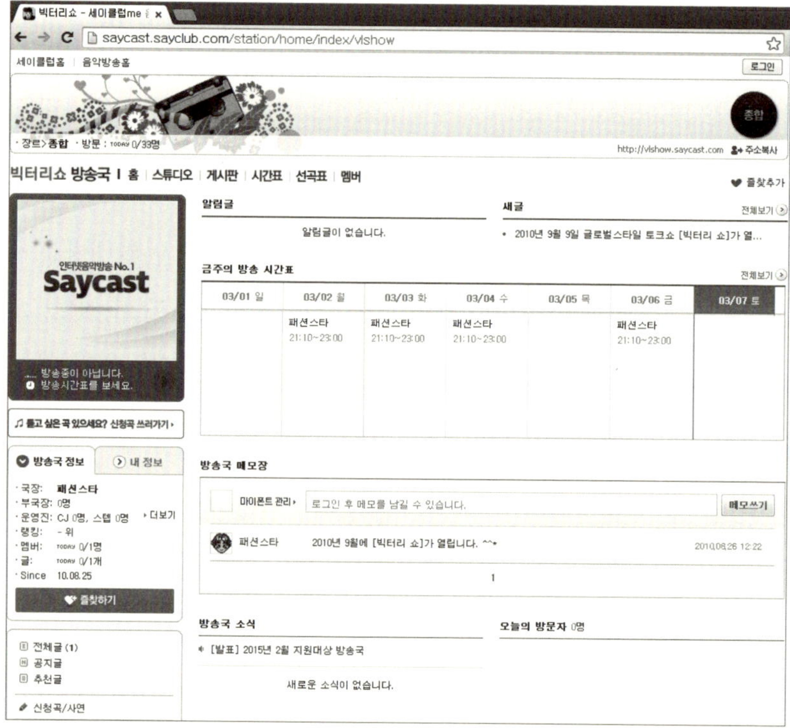

출처: http://saycast.sayclub.com/station/home/index/vlshow

서 음악을 좋아하는 사람들이 미리 선곡표를 보고 와서 방송을 들을
수 있다.

음악 듣기에 편한 세이라디오를 설치하면 시청자들이 편하게 내
방송을 들을 수 있다. 스마트폰 등에선 어플을 다운로드 받아서 언
제든 방송하고 어디에서든 감상할 수 있는 건 물론이다.

다음 TV팟 방송국 만들기

daum에서 제공하는 팟플레이어 하나만으로도 누구나 자유롭게
개인방송이 가능하다. 팟플레이어를 다운로드 받아서 설치하면 방
송 창이 표시된다.

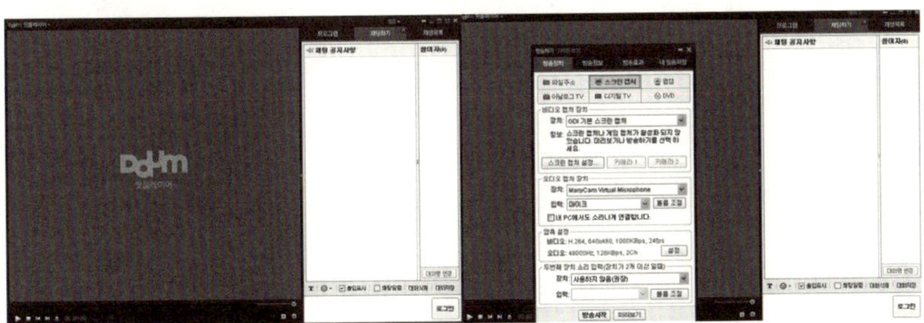

출처: http://tvpot.daum.net/application/PotPlayer.do

팟플레이어 윗부분에 [모드] 메뉴를 마우스로 누르면 표시되는
'방송하기' 기능을 선택한다.

모니터 스크린 화면으로 게임방송을 할 수도 있고 웹캠이나 카메

라를 사용하거나 DVD, 각종TV를 방송할 수도 있다.

아프리카TV 방송국 만들기

아프리카 사이트에 회원가입을 하고 '내 방송국'을 선택하면 표시
되는 화면이다.

방송스케줄을 등록하거나 게임 연동 메뉴도 있어서 사용하기에
편리하다. 팬클럽을 만들어서 시청자들이 가입하고 각종 이벤트 등

출처: http://afreeca.com/vlshow

의 콘텐츠를 만들기에도 편리하다. 방송 영상은 녹화해서 녹화방송 형태로 재방송 가능하며 하이라이트만 따로 모아서 볼 수도 있다.

트위치TV 방송채널 만들기

해외에서 유명한 개인방송 '트위치' 사이트다. 사이트 화면은 모바일 환경에 적합하게 디자인 되었고 실기간 공연을 비롯해서 게임 방송 등의 다양한 방송 채널이 있다.

간단한 회원가입 후에 바로 나만의 방송을 만들어서 활용할 수 있다. 페이스북과 연동되어 있어서 시청자 확보에도 유리하다. 웹캠을

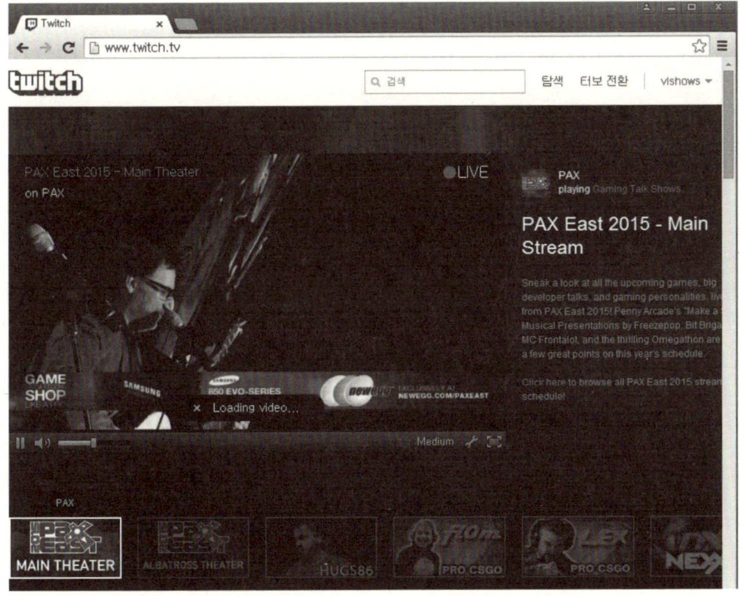

출처: http://www.twitch.tv

연결하면 바로 영상 창이 표시되고, 기타 게임이나 영상 파일을 업
로드해서 방송할 수도 있다.

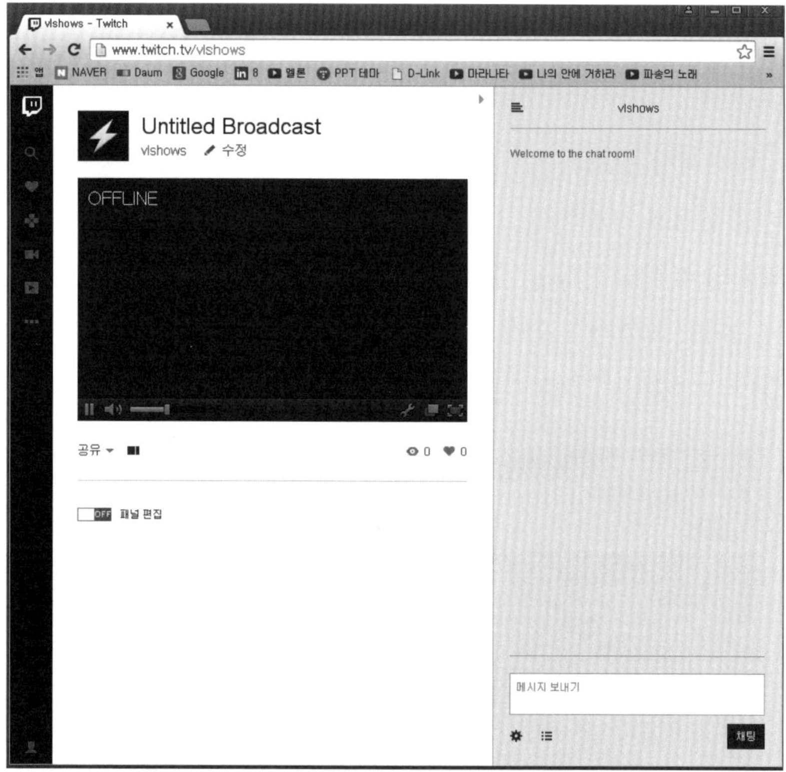

출처: http://www.twitch.tv/vlshows

세계로 진출하는 인터넷방송 BJ가 되고 싶다면 트위치에 도전해
보자. 트위치TV의 장점은 특정 카테고리를 누르면 연관된 방송 목
록을 모두 표시해준다는 점이다. 한 번의 클릭으로 연관된 콘텐츠만
골라서 편리하게 볼 수 있다. 게임 화면과 BJ 화면을 동시에 중계하

는 이원생방송도 가능하다.

02 방송 영상 간단하게 편집하기

인터넷방송 사이트에 대해 알아두었다면 이젠 방송영상을 재미있게 편집하는 방법에 대해 배워보자. 스마트폰으로 촬영한 영상이어도 좋고 캠코더나 웹캠, 디지털카메라, DSLR로 촬영한 영상도 문제 없다. 누구나 손쉽게 익혀서 간단한 영상 편집부터 가능한 팟인코더PodEncoder가 있고, 조금 더 다양한 화면 효과를 원한다면 소니베가스Sony Vegas를 활용할 수도 있다.

내 맘대로 동영상 편집하기

daum에서 제공하는 동영상 편집 프로그램인 '팟인코더'를 사용해서 내가 만든 나만의 동영상을 꾸며보자. 스마트폰이나 테블릿PC는 물론이고 여러 기종에 맞게 다양한 형태로 동영상을 만들 수 있다.

포털 사이트 검색 창에서 '팟인코더'를 검색하면 무료로 다운로드 받는 주소 페이지가 링크되어 표시된다.

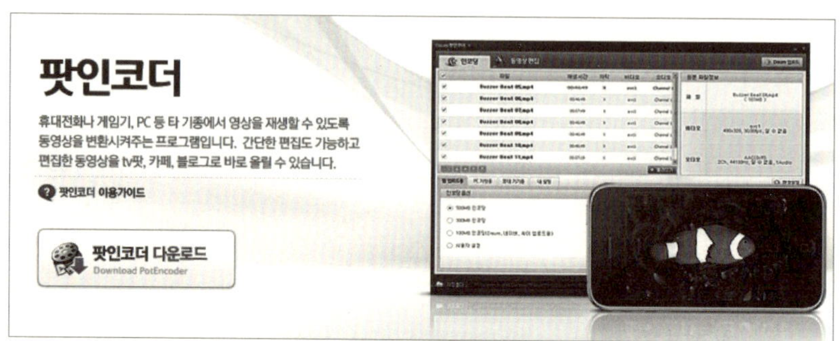

동영상 편집이라고 하면 처음부터 겁을 내는 사람들이 있는데, 절대 겁을 낼 필요가 없다. 동영상을 만들고 편집하는 과정을 비유하자면 친구를 처음 만나서 사귀는 과정이라고 생각해도 된다. 처음엔 낯설지만 계속 만날수록 익숙해지고 서로에 대해 알아가는 과정이 있는데, 그거랑 같다. 동영상 편집은 어려운 게 아니다. 처음 보니까, 그동안 익숙하지 않았으니까 낯설 뿐이다.

1) 나만의 동영상으로 꾸미기

∟ 팟인코더 사용방법과 친해지기

포털사이트에서 '팟인코더'를 검색한다. 누구에게나 무료로 공개되는 프리웨어Freeware다. 프리웨어란 무료 소프트웨어란 의미이며 자유롭게 다운로드 받아서 자기 컴퓨터에 설치하고 사용해도 되는 소프트웨어를 말한다.

a. 팟인코더 설치

다운로드를 했으면 이제 프로그램을 설치해보자. 내 컴퓨터에 프로그램의 설치 과정이 표시된다.

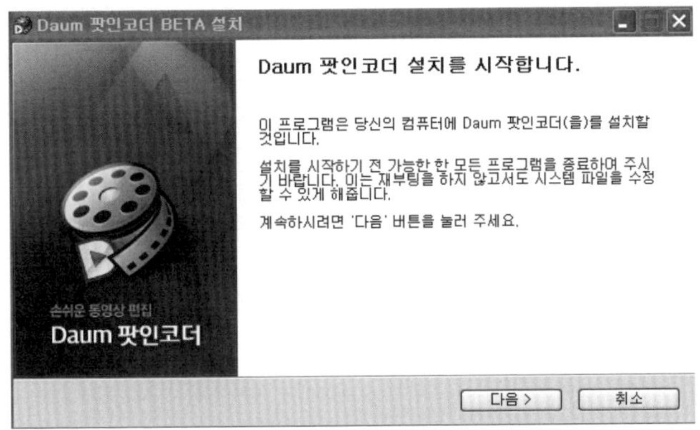

어디에 설치할 것인지 경로를 지정하는데, 프로그램이 알아서 해주므로 [설치]만 눌러주면 된다.

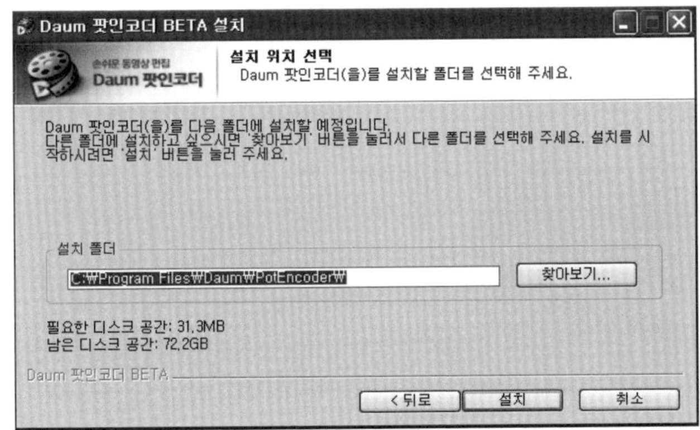

팟인코더의 용량에서 컴퓨터에 필요한 디스크 공간은 최소

31.3M 이상이 있어야 하며, 프로그램 설치 위치는 자기가 주로 사용
하는 폴더 위치로 지정해줘도 된다.

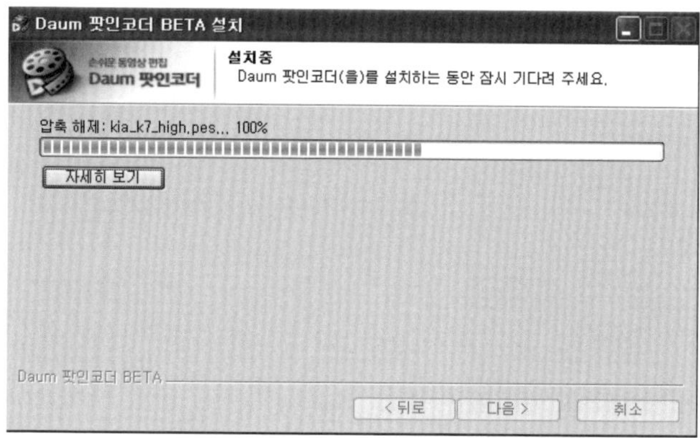

팟인코더 설치가 진행된다.

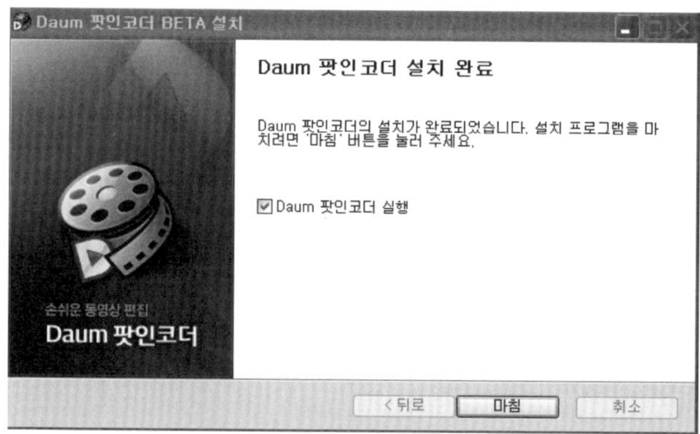

프로그램 설치가 되었다. [마침]을 누르면 팟인코더가 실행된다.

왜 팟인코더인가?

동영상 사용자들이 많아지면서 여러 프로그램들이 많다. MS 윈도우 프로그램을 사용하는 컴퓨터들은 '보조프로그램' 목록 안에 '무비메이커Movie Maker'라는 프로그램이 자동 저장되어 나오기도 하고, 동영상 사이트를 중심으로 다양한 편집프로그램을 제공하기도 한다.

그러나, 팟인코더와 다른 프로그램 역시 큰 차이는 없다. 그 이유는 동영상의 변환은 인터넷에서 사용하기나 스마트폰에 저장하기 등이 전부인데 사용방법이나 전환하는 기술 자체가 일반적이라서 그렇기도 하고, 대다수 동영상 이용자들이 전문가적인 수준을 필요로 하는 것이 아니라서 웬만한 동영상 편집 기능만 갖추면 되기 때문이다.

다만, 팟인코더는 동영상 편집을 하면서 daum 사이트에 TV팟 페이지에 자동으로 동영상을 업로드 할 수 있는 기능이 있으므로 편리한 측면이 더 많다.

daum 팟인코더 하나만 있으면 동영상 편집의 기본을 이해하고 영상 편집에 다가서는 기회가 충분할 것으로 생각된다. 소니베가스나 에프터이펙트, 프리미어 같은 여러 가지 동영상 편집 툴도 팟인코더에서 볼 수 있는 기능을 기본적으로 사용하는 것들이라 그렇다.

b. 스마트폰 영상 불러오기

스마트폰 영상이라도 좋고 캠코더나 다른 카메라로 촬영한 동영상도 상관없다. 자기가 직접 만든 동영상이라면 얼마든지 가져와서 우선 컴퓨터에 먼저 저장하고 컴퓨터에 설치한 팟인코더로 불러와서 편집하도록 하자.

팟인코더에 [불러오기]를 눌러서 컴퓨터에서 영상을 찾는다. 컴퓨터에 저장된 편집하고자 하는 영상을 마우스로 선택하면 팟인코더 파일 영역에 그 영상파일 이름이 표시된다.

위에 파일영역에 보이는 [내 손 안의 패션쇼 [빅터리 쇼]라는 동영상은 필자가 만든 영상으로 팟인코더에 불러오기한 결과이다. 팟인코더 오른쪽 영역에 원본 영상에 대한 정보, 오디오 정보 등의 영상 원본의 자세한 파일 정보가 나타난다.

c. 너무 쉬운 영상 변환

[인코딩]이란 영상을 사용 목적에 따라 여러 가지 파일로 변환할 수 있는 작업을 말한다. 사람 이름의 성씨가 다른 것처럼 동영상도 결과물은 같이 보이더라도 그 구성형태는 영상의 형태가 다르다. avi, mpeg, wmv 등처럼 여러 가지 형태가 있는데, 이는 동영상을 화질과 크기, 용도에 따라 생겨난 여러 가지 기술이며 다른 의미는 크게 없다.

동영상을 어디에 사용하느냐에 따라서 웹로드, PC저장, 휴대기기 용도로 구분하여 변환 가능하다. 각 변환 형태에 따라서 예상되는 영상파일의 형태로 인코딩 예상 결과가 표시된다. 각 영상 형태에 따라 동영상의 크기도 다르게 표시되고, 경우에 따라서는 어떤 기기냐에 따라 동영상을 볼 수 없을 수도 있으므로 내가 사용하고자 하는 기기에 맞게 고르도록 한다.

[웹로드용] 영상이란 인터넷에서 동영상을 볼 수 있는 TV팟, 네이버, daum 등과 같은 사이트에 업로드하기 위한 영상이란 의미이며, 각 사이트의 동영상 업로드 조건에 따라서 전체 크기나 시간 등

의 제약이 있을 수 있으며, 용량 크기 역시 각 사이트의 설정에 따라서 500MB, 300MB처럼 사이트의 특성에 맞게 변환 가능될 수 있다.

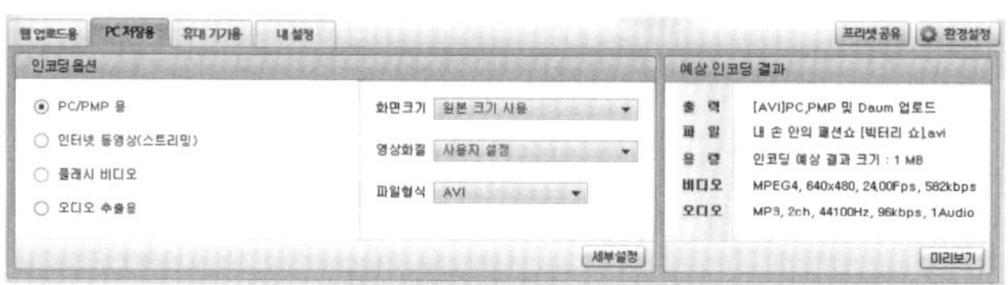

[PC저장용]이란 컴퓨터 같이 어떤 특정한 매체에 저장하려는 동영상이란 의미다. PC/PMP용, 인터넷 동영상(스트리밍)용, 플래시 비디오형, 오디오 추출용 등으로 변환 가능하다.

주의해야할 점은 각 기기의 화면 크기와 영상을 보여주는 화질 상태, 동영상의 파일 형태 등인데 이에 맞춰서 각 영상을 변환하는 게 가능하다. 가령, 화면을 풀HD처럼 선명하게 보는 기기라면 영상 화면 크기를 1280×720 크기로 최대 사이즈로 맞추는 게 중요하며, 이와 같이 영상을 보려는 기종에 따라서 영상 화면 크기를 지정해서 사용한다.

동영상을 보는 장치의 화면 크기에 따라 자동으로 변경되는 영상 화질은 사용자가 직접 설정하는 기능이기도 한데, 고화질, 중화질, 저화질로 지정할 수 있으며, 파일 형식은 사용 장치에 따라서 avi, wmv, asf 등 다양한 형태로 설정할 수 있다.

동영상은 '코덱Codec'이라는 영상 형태가 달라도 화면으로 볼 수 있게 해주는 기술이 있는데 만약 영상이 화면에 안 보인다하면 그에 맞는 코덱을 찾아서 기기에 설치해주면 영상을 볼 수 있다.

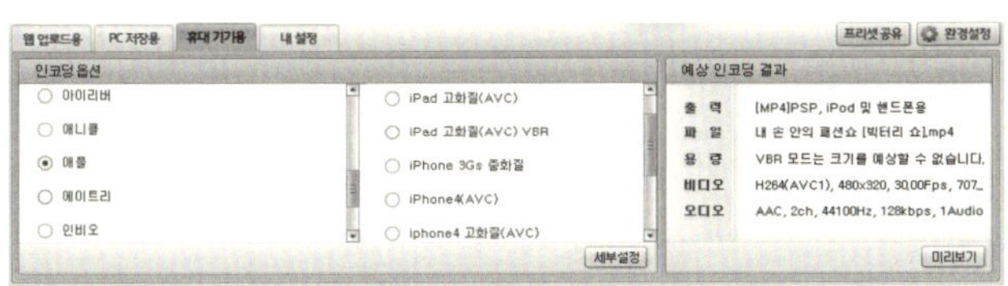

[휴대기기용]이란 인터넷 기능이 있거나 영상 시청이 가능한 내비게이션을 비롯하여 애플社의 아이폰을 비롯한 각 제조사의 기기에 맞는 동영상 타입으로 변환하여 시청할 수 있게 해주는 기능이다. 동영상 편집 시에 옵션으로 표시되는 제조사를 선택하면 그 회사에서 만들어 출시되는 제품이 표시되는데 원하는 제품의 이름 앞에 체크를 한다. 해당 기기에서 볼 수 있는 동영상으로 변환해주는 기능이다.

d. 재미있는 내용 붙이기 (편집)

[인코딩]에 대해 알아본 이후에는 다시 [동영상의 편집]에 대해 알아두자. [동영상 편집]을 누른다.

인코딩에서는 동영상의 화면 크기와 오디오 형태, 화질 상태, 영상
의 크기에서 일정 영역을 잘라내기 등의 여러 가지 설정이 가능하다.

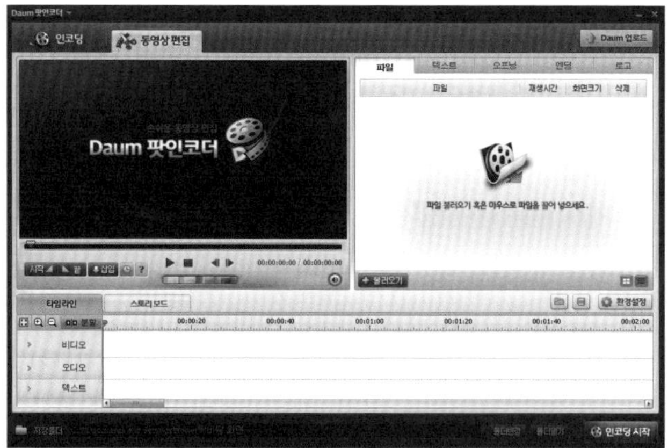

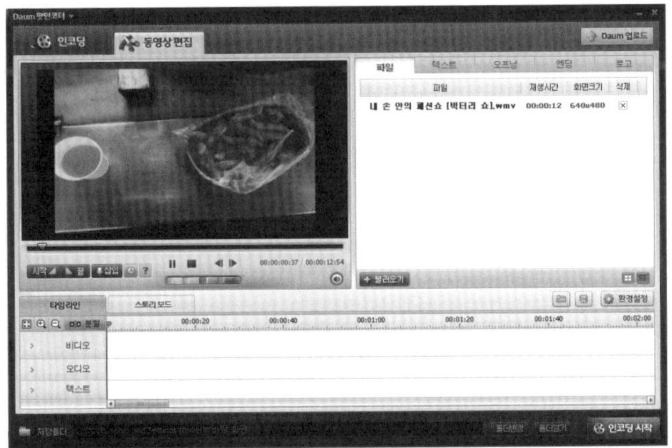

편집하려는 영상을 [불러오기]로 가져오거나 마우스를 이용해서 동영상 파일에 대고 [파일] 영역으로 '끌어넣기' 해보자. 팟인코더의 [파일] 영역에 앞서 스마트폰 카메라로 촬영해서 저장해둔 '내 손 안의 패션쇼 [빅터리 쇼] 동영상 파일을 불러왔다. 이처럼 스마트폰으로 찍은 영상도 쉽게 편집 가능하다.

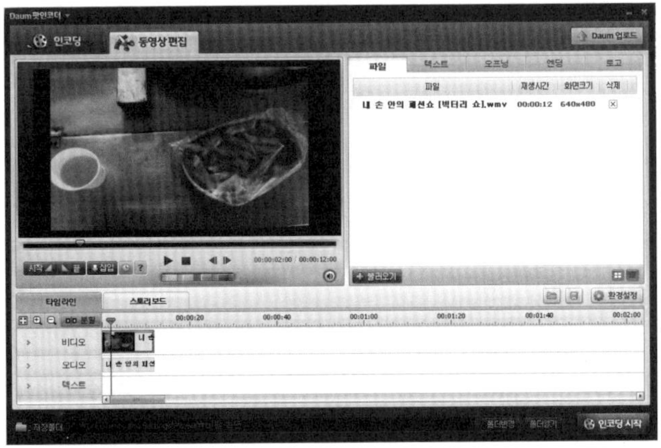

[파일] 영역에 있는 파일을 마우스로 대고 누른 상태에서 왼쪽 영상 창으로 가져다가 놓으면서 손가락을 떼면 편집하기 전에 영상파일의 상태를 볼 수 있다. 이때, 마우스로 영상 창 아래 삼각형 버튼을 누르고 앞뒤로 옮기면서 영상의 각 부분을 체크하면서 살펴본다. 영상을 돌려보면서 편집해야할 위치와 방법을 구상해두는 것도 방법이다. 어디 지점에서 어디를 자르고, 어떻게 자막을 넣을 것인지 등에 대해 아이디어를 짜둔다.

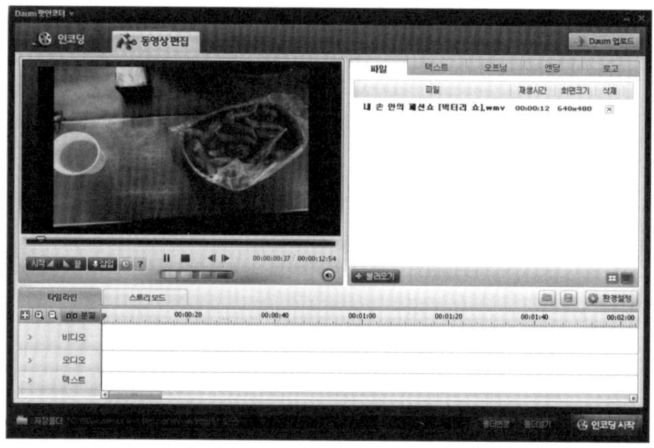

영상을 살펴보고 난 후에 그 파일을 편집하려고 한다면 다시 마우스로 파일명을 누른 후 손가락을 떼지 않고 팟인코더 프로그램에 아래쪽 [비디오] 영역에 놓는다. 동영상 파일이 여러 개 일 경우 간혹 파일을 헷갈려서 다른 파일을 가져올 수도 있으므로 주의한다.

영상 파일을 가져온 그곳이 '타임라인'이라고 불리는 곳이며, 동영상이 팟인코더에서 스트리밍(상영)되면서 각 시간 지점으로 원하는 지점을 골라 구분해서 서로 자르거나 붙일 수 있다.

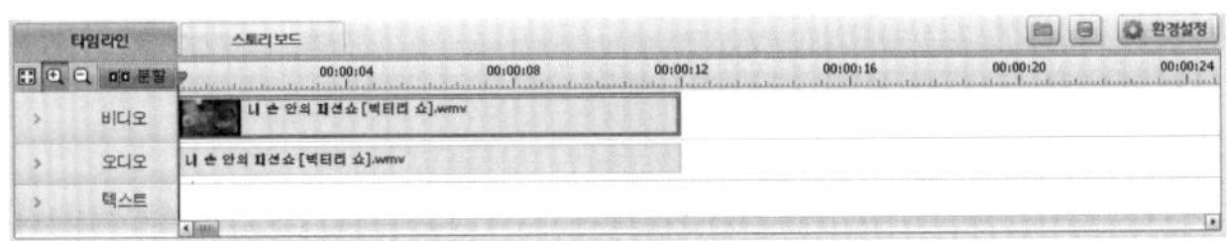

편집하려는 파일을 자세히 보고 싶으면 타임라인 왼쪽에 돋보기 모양의 아이콘을 클릭해서 타임라인 시간대 구분을 확대해서 볼 수 있다. 팟인코더에서는 이처럼 타임라인에 시간대를 확대하거나 축소해서 볼 수 있으므로 타임라인이 너무 작아서 편집점을 찾기 어렵거나 불편할 경우 또는 편집하려는 영역을 정확하게 구분하려면 해당 타임라인 구간을 확대해서 분할하여 사용하도록 하자. 가령, 1초에 한 칸 단위로 구분된 타임라인이 1초에 두 칸 단위 식으로 넓어지는 효과를 말한다.

동영상을 보면서 편집하기 위해 잘라낼 구간을 보고 파일을 자를 부분에서 [분할] 기능을 누른다 . 1초 이내의 구간은 잘라지지 않지만 1초 단위로 영상을 잘라내는 횟수는 제한이 없다.

e. 자막 보이기

동영상에 [자막] 넣는 방법에 대해 알아보자.

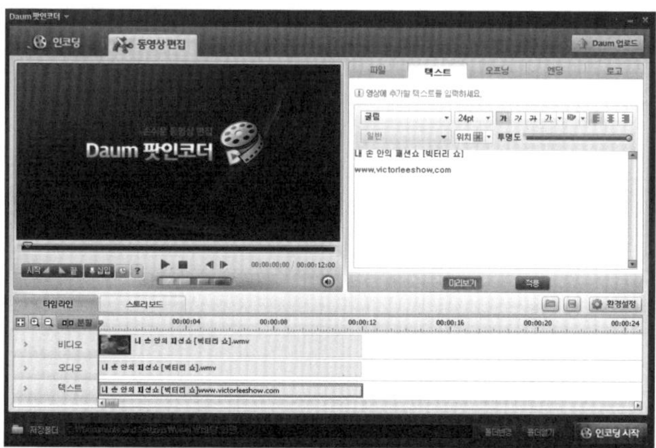

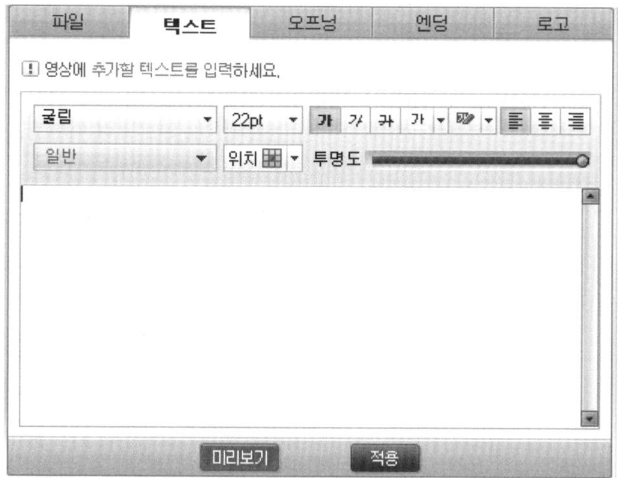

자막 기능은 [텍스트]를 사용한다. 자막의 글자 형태, 크기, 굵기 등의 글자 속성을 설정하고, 자막이 영상에 배치될 때 페이드인이나 페이드아웃 되는 특수효과를 설정 가능하다. 자막이 영상 위에 보이는 방법도 여러 형태로 설정 가능하므로 다양한 표현방법을 사용해 보자.

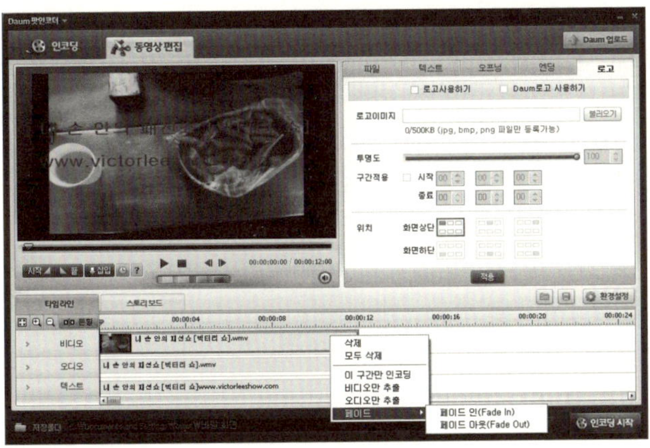

영상처리에서 페이드인Fade In은 점점 밝아지는 영상처리를 말하고, 페이드아웃Fade Out이란 점점 흐려지는 영상처리 방법이다. 팟인코더에서는 검정색을 사용해서 점점 밝아지거나 어두워지는 방식이 사용된다.

　자막 효과는 [미리 보기]로 영상 영역에서 어떻게 나타나는지 확인한 후에 적용한다. 또한, 자막 위치를 지정하여 영상 제목이나 저작권자 등의 표시가 가능하며, 자막 글자의 투명도를 지정하여 영상을 관람할 때 최대한 시야를 배려해줄 수 있다. 글자가 영상 위에 비춰지는 방식이다.

텍스트를 입력하고 효과를 지정했다면 [적용]을 눌러서 타임라인에 놓는다. 자막으로 표시되는 파란색 네모를 마우스로 누르고 위치를 이동시킬 수 있으며, 네모의 양쪽 끝을 마우스로 누르고 이동시키면 자막이 들어갈 시간을 늘리거나 줄일 수 있다. 자막 글자 수가 줄어드는 것은 아니며 영상에 자막이 표시되는 시간을 지정하는 기능이다.

[오프닝Openning]과 [엔딩Ending]은 동영상의 시작과 끝에 표시하는 영상을 말한다. 팟인코더에서 사용자들에게 영상 편집용으로 제공하는 기본적인 오프닝과 엔딩 영상을 추가할 수 있으며 자막과 동일하게 글자 속성을 변경하거나 투명도를 설정할 수 있다. 물론 사용하지 않을 수도 있는 기능이다.

f. 로고 설정

이번엔 영상에 나만의 로고를 넣어보자. TV를 볼 때 보면 재미있는 드라마나 각 방송 프로그램에 영상 한 귀퉁이에 들어가는 방송사 이름 표시를 볼 수 있는데, 이처럼 영상 제작자가 자기만의 이미지를 만들어서 동영상에 로고로 사용할 수 있다. 나만의 방송국 효과를 만들 수 있는 기능이다.

[로고] 기능의 사용방법은 쉽다. 메뉴 중에서 [로고 사용하기]를 누르고 미리 만들어둔 로고 이미지를 [불러오기]해서 영상에 넣으면 된다. 로고 이미지는 500KB 이내로 하여 jpg, bmp, png 파일 형태만 가능하며, 로고를 영문 알파벳으로 하면 TV 방송 프로그램 영상 같은 효과를 낼 수도 있다.

영상에 표시될 로고의 투명도를 지정하고 시작과 종료를 설정한다. 대부분 영상 상영과 비슷하게 맞춘다. 영상의 처음부터 마지막 종료되기 직전까지로 지정하는 경우가 많다. 위치는 메뉴에서 지정할 수 있는데 화면에 상단과 하단으로 구분하여 자신이 원하는 장소에 배치시킨다. 로고이미지 설정을 다했다면 [적용]을 눌러서 영상에 넣도록 한다.

g. 환경 설정

[인코딩]에서 영상을 편집하면서 여러 가지 옵션을 설정할 때는 영상 메뉴 중에서 [세부설정]을 통해 동영상에 대해 여러 편집 기능이 가능하다.

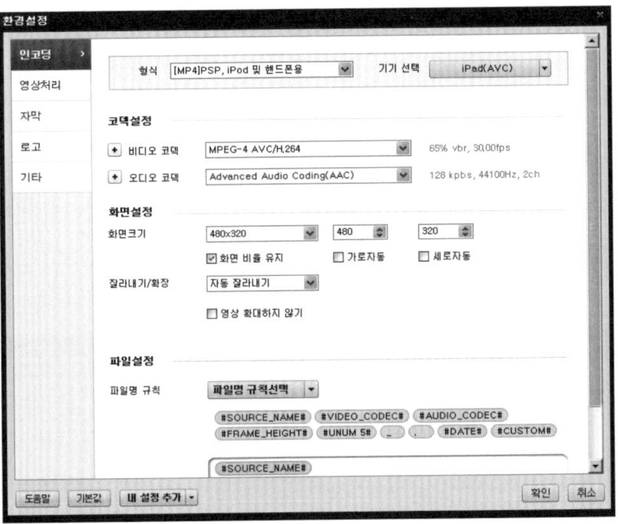

[세부설정]이란 [환경설정]을 말하는 건데, 인코딩에서 화면 크기 설정, 화면 잘라내기 등에 대해 설정할 수 있다. 화면 크기, 파일 형태 설정에 사용되며, 영상처리 기능과 자막, 로고 등에 대해 추가 설정이 필요할 때 사용한다.

예를 들어, 영상이 상하가 바뀌어 거꾸로 되거나 좌우가 바뀔 수 있는데 [세부설정] 메뉴로 와서 '영상처리'를 적용하면 좌우, 상하

대칭으로 다시 영상을 바꿀 수 있고 일정 각도에 따라 영상을 회전시키는 것도 가능하다.

영상을 볼 화면 크기에 상관없이 일정한 크기로 영상을 고정시키는 기능도 있으므로 촬영장비와 스크린 크기에 따라 적당한 영상 크기를 지정하도록 한다.

h. 동영상 감상

편집과 인코딩을 완료한 영상은 [daum에 올리기] 기능을 사용해서 tv팟 등의 온라인에서도 감상할 수 있다.

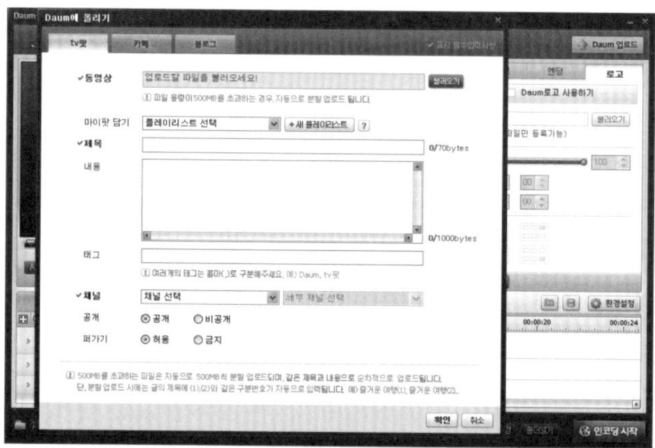

daum에 로그인 하고 [daum 업로드]를 누르면 완성된 영상을 tv팟, daum 카페, daum 블로그에 올릴 수 있다. tv팟에는 내 daum 아이디로 업로드 되며, 카페나 블로그는 로그인한 회원의 아이디로 업

로드 된다.

동영상 크기가 500MB를 초과하는 경우, 전체 영상이 500MB 단위로 분할되어 업로드 되며 영상의 제목에 (1), (2), (3)처럼 순서대로 번호가 표시된다.

여기까지 팟인코더를 사용하는 동영상 편집을 살펴봤다. 한 가지 유용한 기능을 기억하자면, 팟인코더 타임라인에서 [비디오] 영역을 마우스 우측 버튼으로 클릭하면 추가 기능이 표시되는데, 해당 구간만 인코딩하거나 비디오 혹은 오디오만 추출하여 인코딩 파일로 저장할 수도 있다는 점이다.

그 외에 영상 구간 마다 잘라서 맞추는 영상 처리를 페이드인, 페이드아웃으로 처리할 수도 있는데, 영상의 앞뒤 장면 전환에서 부드러운 연결이 가능하다.

2) 오디오 넣기 – 소니 베가스

팟인코더가 초보자들이 동영상 편집을 배우기 위해 처음에 접하는데 좋은 프로그램이었다면 베가스는 동영상 편집에 능숙하게 된 사용자들이 다양한 기법을 배울 수 있게 해주는 프로그램이다. 물론, 소니베가스나 팟인코더 외에도 영상 편집 프로그램은 여러 가지가 있으며 어도비 프리미어, 파이널컷 프로 등 많지만, 영상 편집 초보일수록 팟인코더로 시작하고 소비 베가스로 올라선 이후에 다른 프로그램을 적용해보기를 추천한다.

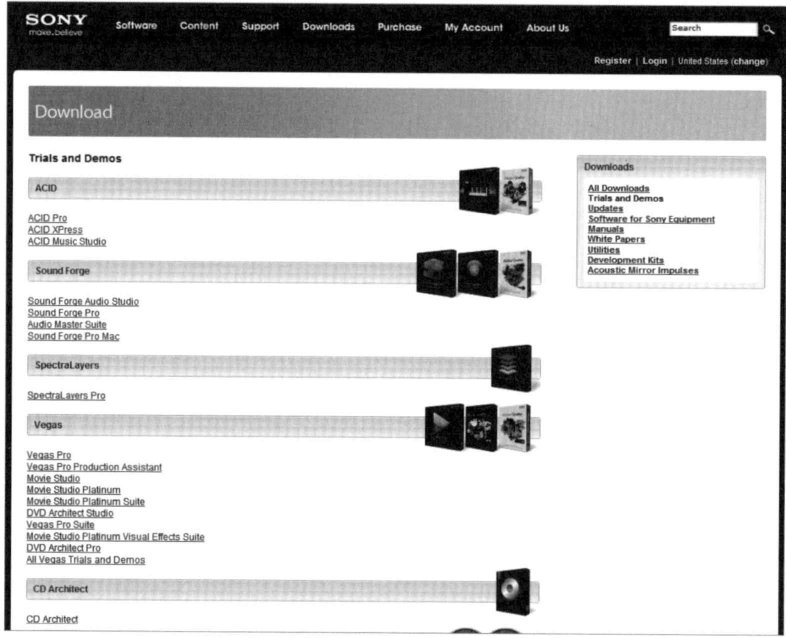

출처: http://www.sonycreativesoftware.com/download/trials

베가스 편집 프로그램은 동영상의 화면 전환, 연결 효과에서 많은 기능을 구사할 수 있으며 프로그램 내에서 사용자들에게 기본 제공되는 여러 가지 영상효과를 다양하게 사용할 수 있어서 좋다. 여기에 속한 기능들 중에서, 영화 배경음악처럼 음악을 영상에 넣는 작업이 가능한데, 영상을 감상할 때 보는 사람들에게 영상에 적합한

다양한 감정적 효과를 만들어주면서 전체 영상의 완성도를 만드는
데 도움이 된다.

베가스를 사용하면서 동영상에 음악(오디오)을 넣는 방법을 배워
두자. 베가스는 유료 소프트웨어이지만 시험 데모판은 무료로 이용
가능하며 30일 내에서 활용해볼 수 있다. 소니 베가스의 여러 가지
영상편집 기능을 사용하도록 해보자.

우선, 컴퓨터에 소니 베가스를 설치한다.

출처: http://www.sonycreativesoftware.com/download/trials

베가스 압축파일을 푸는 과정이다. VEGAS 시험판(30일 한정)을
설치하는 과정으로, VEGAS 일정 버전 이상의 경우 윈도우 7 이상의
운영체제가 필요한 경우가 있어서 윈도우XP 운영체제 조건 하에서
설명하도록 한다. 윈도우 7 이상을 사용하는 독자라면 베가스 상위
버전을 다운로드 받도록 한다.

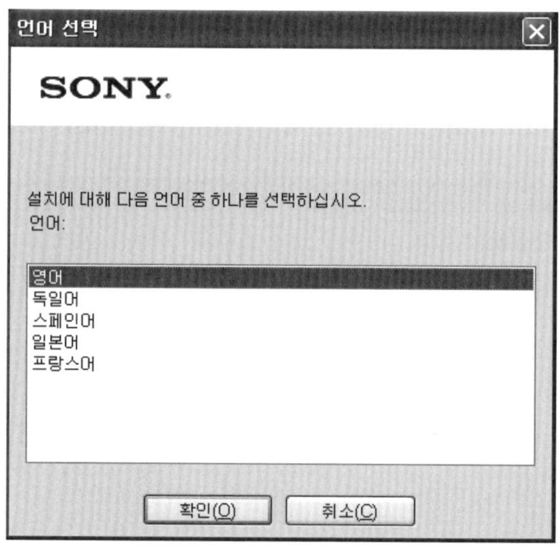

[언어 선택]이다. 한글이 없을 경우엔 '영어'나 자기가 사용 가능
한 언어를 선택하고 [확인]을 누른다. 한국어가 지원되는 경우가 있
으므로 한국어가 있을 경우엔 한국어로 설정한다.

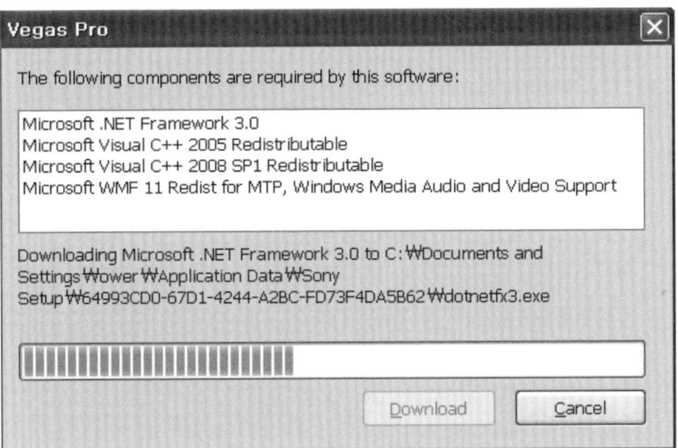

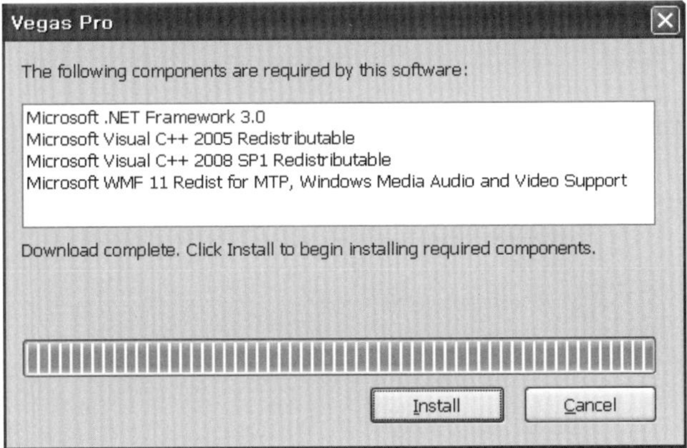

　VEGAS를 사용하는데 만약 관련된 다른 프로그램들도 설치를 해야 할 경우, 해당 프로그램을 먼저 설치하고 VEGAS 설치를 할 것인지 [확인]한다.

프로그램 다운로드가 끝나고 베가스 프로그램을 설치하는 과정
이다. [Next]를 누른다.

프로그램 사용 조건에 [동의] 과정이다. 표기한 위치에 마우스를

클릭하고 [Next]를 누른다. 프로그램 사용조건을 읽었으며 프라이
버시 정책과 사용조건에 동의한다는 내용이다.

컴퓨터에서 프로그램 설치 경로를 지정하는 과정이다. 지정할 폴
더가 있다면 그곳을 설정하고 [Next]를 누른다.

'인스톨(설치)'이 준비되었다는 의미다. [Install]을 누른다. 컴퓨터에 설치를 마치면 컴퓨터를 다시 시작해야 한다는 문구가 표시된다. 이에 [YES]를 누르면 컴퓨터가 꺼졌다가 다시 부팅된다.

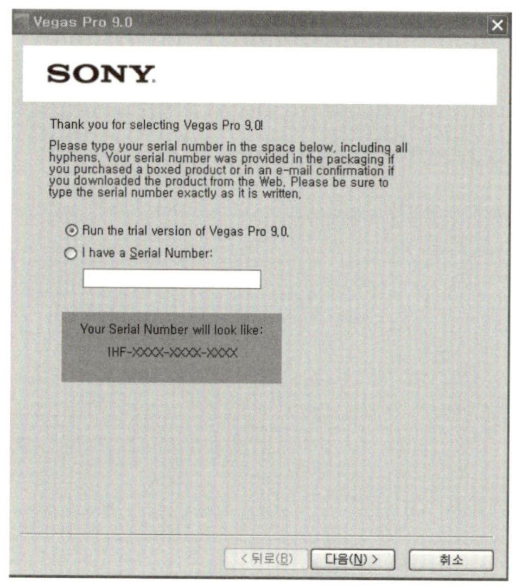

설치가 끝나면 베가스를 실행해 보자. 시험판을 사용한다는 위치에 마우스를 클릭하고 [다음]을 누른다. 이름과 이메일, 사용지역을 입력하면 드디어 설치가 완료되었다. 베가스VEGAS를 실행해보자.

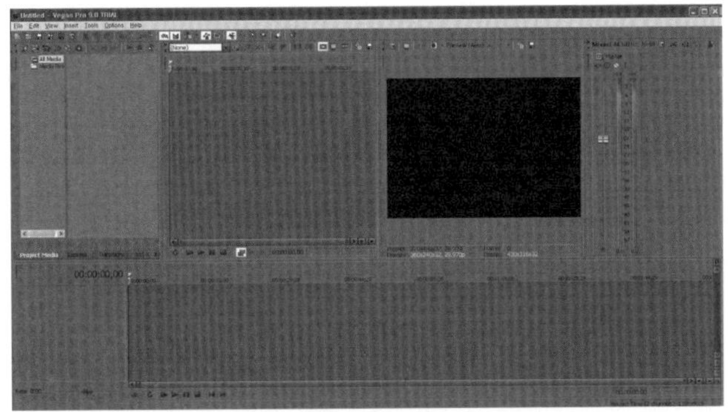

베가스가 실행되었다. 영상에 음악(오디오) 파일을 넣는 작업을
시도해보자.

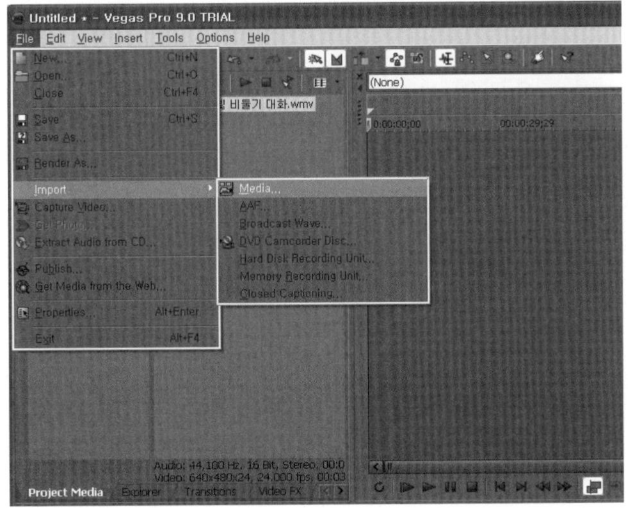

동영상을 불러오기는 베가스의 메뉴에서 [IMPORT]를 눌러서 베
가스로 업로드 한다. 또는 파일이 있는 폴더에서 영상 파일을 마우

스로 누른 후 베가스의 [프로젝트 미디어^{Project Media}] 영역으로 옮겨올 수도 있다. 동영상을 가져오고 음악(오디오) 파일을 같은 방식으로 가져와서 타임라인 안에 둔다.

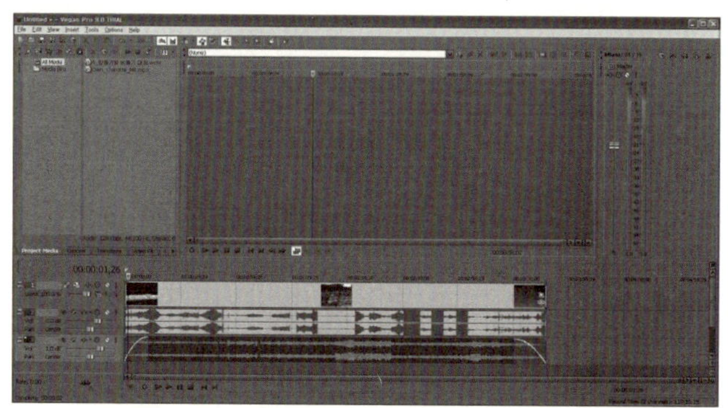

　동영상은 타임라인 1번에 영상이, 2번 라인에 영상에 포함된 오디오가 놓였고, 음악 파일은 마우스로 가져와서 타임라인 3번에 두었다. 각 위치에 표시된 영상이나 오디오 등을 마우스로 선택해서 영상에서 오디오를 뺄 수도 있고, 다른 오디오를 넣을 수도 있다.

　가령, 외부에서 동시녹음으로 촬영한 영상에는 그곳에 자동차 소리, 바람소리 등 여러 오디오가 들어갈 수 있는데, 이런 소리들을 영상에서 빼버리고 영상에는 배우들 목소리나 또는 스튜디오에서 만드는 음악이나 현장 효과음 등을 따로 만들어서 넣을 수 있다.

　이렇게 동영상에 오디오를 넣는 방법은 간단하다. 각 파일을 타임라인에 넣은 후 마우스로 각 콘텐츠의 시작과 끝을 맞추며 조절하고, 동영상 중간 어느 부분에 들어갈 것인지 오디오를 마우스로 끌어다가 자리에 놓고 위치시켜주는 방식으로 맞춘다.

동영상과 오디오 파일을 서로 맞는 위치에 두는 작업을 마쳤으면 베가스의 렌더링 기능을 실행해서 모든 작업을 마무리해준다.

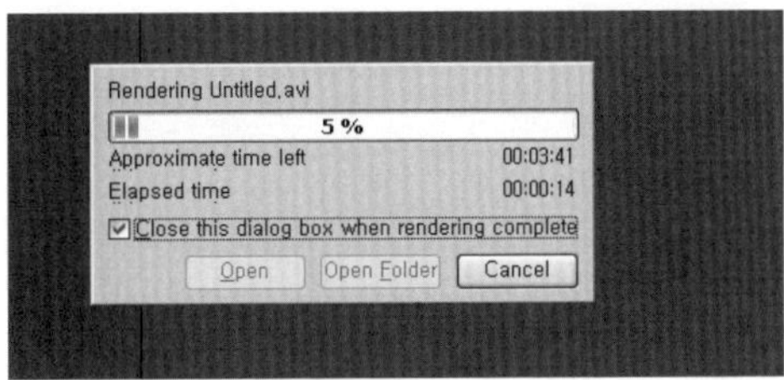

단, 베가스에서 파일을 저장할 때 [SAVE as]를 누를 경우, 이 파일은 베가스 파일로 저장된다. 다시 말해서, 베가스에서 작업하기 위한 베가스 파일 형태로 저장된다는 뜻이다.

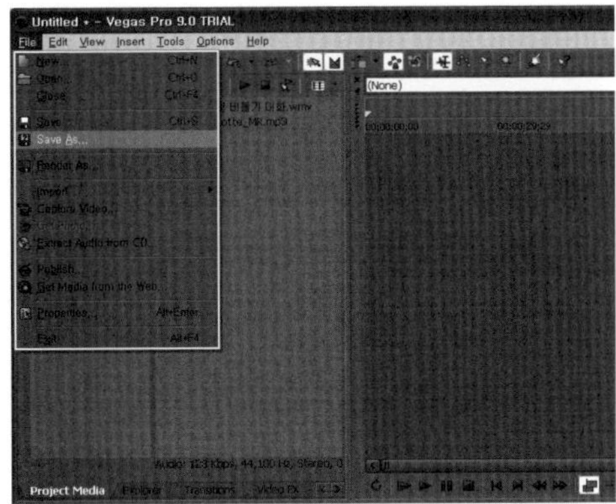

베가스에서 작업을 완료하고 PC나 CD, 인터넷에서 스트리밍 가능한 영상 파일로 저장하려면 [Render As] 기능을 실행한다.

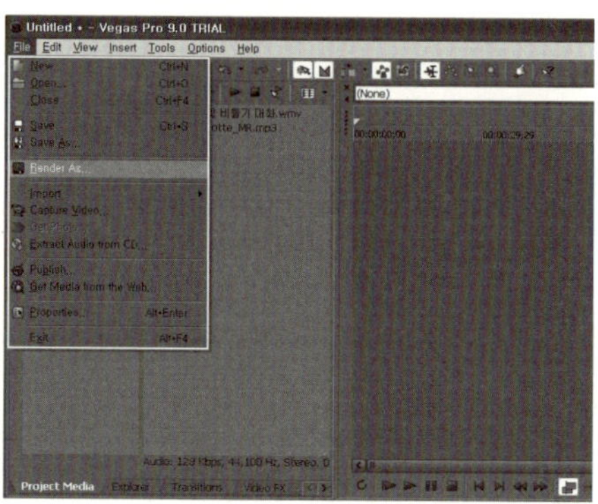

렌더링(오디오랑 영상을 하나의 영상으로 섞어서 완성해주는) 작업으로 마무리 하는 과정인데, 새롭게 생성하는 파일을 저장할 폴더를 지정하고, 파일 형태는 avi 또는 wmv 등, 자유롭게 지정한다. 렌더링과 함께 베가스 영상 편집 작업을 마무리한다. s가 만든 동영상이 완성되었다.

여기까지, 베가스 프로그램을 사용하여 동영상에 음악(오디오)를 넣는 방법을 알아봤다. 동영상 편집이란 어느 프로그램을 사용하던 내가 사용하기에 가장 편리하고, 내가 원하는 영상을 만들기에 필요한 기능만 구현되면 좋은 프로그램이다. 여기서 베가스를 추천하는 이유는 손쉽게 사용 가능한 프로그램이면서 여러 가지 장면 연출이 가능하다는 점 때문이다.

3) 영상 전환하기

　베가스를 활용하여 동영상의 각 장면들을 연결하는 방법에 대해 알아보자. 영화에서 볼 수 있는 특수효과나 컴퓨터 그래픽은 어렵더라도 일반적으로 영화에서 많이 쓰는 화면 전환 기법은 충분히 구현 가능하다.

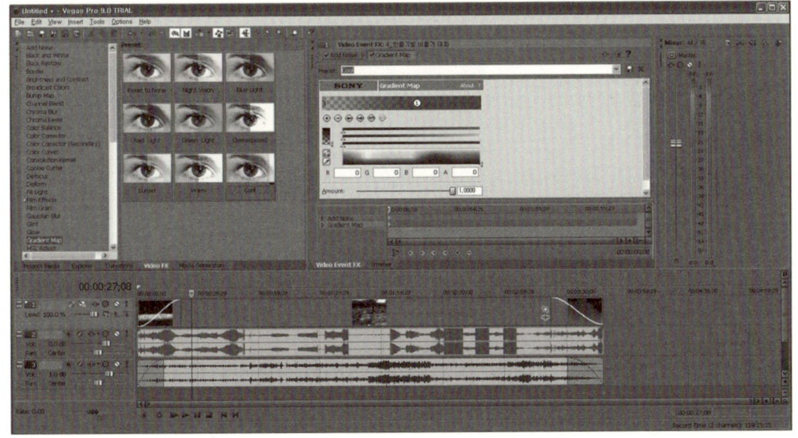

　베가스에서 [비디오FX^{Video FX}]를 열어서 화면전환 기능을 실행한다. 샘플로 제시되는 여러 기능에서 마음에 드는 기능을 고른 후 마우스로 클릭하고 누른 상태에서 타임라인 비디오 영역에 가져와 놓는다.

　예를 들어, Gradient Map을 선택하고, 기능 중에서 Cool을 지정했다면 █로 표시된 버튼을 클릭해서 효과를 줄 동영상 영역과 색감

의 정도를 설정한다. 같은 방식으로 여러 기능들을 사용해보면서 영
상에 맞는 적합한 장면 전환 효과를 적용하자.

이 단락에서는 동영상 콘텐트를 만드는 방법에 대해 살펴봤다. 사
진과 텍스트, 사진과 오디오를 비롯하여, 동영상과 텍스트, 전체 이
미지를 넣을 수도 있으며 전체 텍스트를 넣거나 전체 이미지에 링크
를 걸어 웹사이트로 이동시켜주는 작업도 가능하다는 걸 알 수 있었
다. 나만의 콘텐츠를 만들어 보며 인터넷방송 콘텐츠에 적합한 나만
의 사용 노하우를 만들어보자.

BROAD
CASTING
JACKY

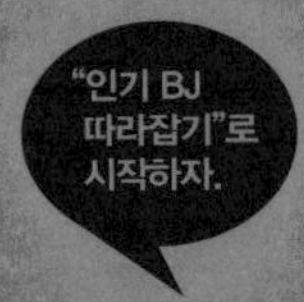

Part.7

인터넷방송 BJ,
그리고 온라인+모바일 마케팅

인터넷방송 BJ,
그리고 온라인+모바일 마케팅

스마트폰 사용자들은 기존의 TV나 라디오, 신문매체 등의 콘텐츠를 배척하고 스마트폰모바일 환경에 적응하면서 모바일 사용자에 걸맞는 콘텐츠를 요구하는 상황이다. 기존의 아날로그적 콘텐츠보다는 모바일 기기 안에서 돌아가는 콘텐츠가 훨씬 세련되고 앞선 기술이라고 여긴다.

지금부터는 인터넷방송 BJ와 마케팅에 대해 알아두자. 스마트폰모바일 환경에서 핵심 콘텐츠로 성장 중인 인터넷방송과 콘텐츠 제작자인 BJ가 마케팅 분야에서 어떤 효과를 발휘하는지 살펴보고 기업들의 온라인 마케팅과 모바일 마케팅 활용 방안을 제시한다.

스마트폰 사용자들이 컴퓨터 사용자들보다 많은 시장 상황에서 홍보 마케팅 전략을 세워보자. 기존의 PC 기반 유선인터넷 망에서 계획한 홍보는 잊어야 한다. 모든 게 모바일 환경으로 재편된 상황이다. 공급자가 소비자를 뒤따라가야 하는 시장에서 기존의 체제에 머물렀다가는 뒤처지기 십상이다.

인터넷방송으로 상품홍보 및 매출 올리기

인터넷방송 BJ들은 콘텐츠 생산자로 봐야 한다. 그래서 자신의 방송 화면에 제품 홍보나 기업체 홍보 배너를 올리는 걸 별로 탐탁지 않게 여긴다. 시청자들도 마찬가지다. 그들이 즐겨 보는 BJ들의 화면에서 상하좌우 구석에 처음 보는 배너가 올라오면 거부감부터 갖는다. 단 1초라도 그쪽에 시선을 두는 시청자들은 거의 없다.

'인기 있는 BJ 방송이니까 거기에 배너 띄우면
홍보 효과 좀 기대하겠지?'

이런 생각을 하는 사업자라면 진짜 순진한 생각이다. 소비자들은 특히, 스마트폰 사용자들은 사업자들보다 훨씬 똑똑하다. 뭐가 광고이고 뭐가 가치 있는 콘텐츠인지 금방 안다.

그래서 실제 인기 BJ 방송에 홍보를 하고 싶다면 단순히 배너를 띄우는 대신 '방송 콘텐츠 속으로' 들어가야 한다. 얼마 전 모 BJ가 먹방을 하면서 '치킨'을 먹었다. 방송에서 먹는 치킨 장면은 그다지 새로울 것도 없었다. 그런데 시청자들이 어느 순간부터 BJ를 닦달하기 시작했다.

시청자 A : "무슨 치킨이에요?"
BJ : "몰라. 안 가르쳐줘. 안알랴줌."
시청자 B : "그거 광고협찬 온 거죠? 다 알아."
BJ : "내가 그런 거 하면 무슨 치킨인지 안 가르쳐주겠냐?
응? 여기저기 배너 띄우고 상표 보이게
카메라 노출하고 그러겠지? 나 그런 거 안해.
난 그냥 치킨 먹방이야."

시청자들은 BJ에게 어떤 치킨인지 알려달라고 사정하기 시작했고 BJ는 마지못해 '이거 무슨 치킨이야'라고 한 마디만 했다. 그 외에 로고도 없고 배너도 없는 치킨 먹방은 끝났다. 그런데 그 순간부터 아무개 BJ가 OO치킨을 먹는다는 소식이 시청자들 사이에 퍼졌다. 카톡과 페이스북을 비롯해서 소문이 났다.

BJ가 쇼핑하라고 해서 기꺼이 지갑 여는 소비자는 없다?

"이거 좋더라!
시청자분들도 이거 사면 좋겠어!
써보니까 좋던데?"

모 인터넷방송에서 BJ가 이렇게 진행을 했다고 하자. 시청자들은 속으로 '이 BJ가 홍보하네?'라고 여긴다. 온라인쇼핑몰 장사에 나섰구나 생각하고 이젠 방송을 이용해서 장사를 하는구나 여긴다. 그 BJ는 시청자들에게 순식간에 '장사하는 BJ로 낙인이 찍혔다.

BJ가 시청자들에게 이것 좀 사라고 아무리 요구해도 시청자들은 꿈쩍도 안 한다. 사라는 요구가 강해질수록 더 안 산다. '어디서 약을 팔아?' 핀잔을 주며 방송을 나가버리기도 한다. 이 BJ는 조만간 인터넷방송을 그만둬야할 수도 있다.

뭐가 문제일까?

인터넷방송을 하고 시청자들이 있다고 해서 쉽게 생각하면 안 된다. 인터넷방송은 매체가 사용하기 쉽고 접근성이 좋아서 많은 사람들이 몰려들긴 하지만 그만큼 마케팅이나 홍보 면에서 불리하다. 워낙 인터넷 쪽에 전문가인 사람들이 많기에 1mm라도 낌새가 보이면 바로 알아챈다. '광고하는 낌새'만 전문적으로 찾아내려는 시청자들도 있다. 이럴 경우엔 대놓고 홍보하거나 아니면 철저하게 콘텐츠로 만들어야 한다. 마케팅에 대한 이야기는 한 마디도 안 해야만 그게 역으로 마케팅이 된다.

예를 들어, 시청자들은 BJ의 방송을 보면서 어느 순간부터 의자에 대해 관심을 갖기 시작했다. BJ가 되려는 사람들은 다른 BJ들이 사용하는 의자를 찾았고 그렇지 않은 시청자들도 의자 브랜드가 뭔지 궁금해 했다. BJ가 방송하다가 자리를 비우면 홀로 남겨지는 '의자'가 왠지 재미있는 상황이라고 생각하기 시작해서다.

권유나 제안, 강요나 독촉이 시청자들에게 먹히지 않는 시대다. 은근한 노출도 광고를 위한 것인지 홍보를 위한 것인지 시청자들은 단박에 알아차린다. 이런 상황에서는 홍보나 마케팅할 전략을 치우고 솔직한 마음으로 순수하게 다가서야 한다. 그러면 천재적인 시청자들이 알아서 홍보해준다. 시청자들은 광고 홍보를 찾아내려는 사람이 아니라 진짜 실력자, 진짜 좋은 제품을 찾아내려는 사람들이기 때문이다.

게임회사들은 왜 인터넷방송 BJ에 열광하는가?

게임을 출시하면 인터넷방송 BJ들에게 연락을 한다. BJ들 중에는 실제로 프로게이머였던 사람들도 많다. 게임 방송을 하다가 프로게이머가 되는 경우도 있다. 인터넷과 게임이란 장르가 애초에 분리할 수도 없는 영역이라서 그런 이유도 있다.

그래서 게임 업체들은 새로운 게임 출시 전에 인터넷방송 BJ들에게 테스트를 권한다. 인기 있는 BJ들은 실시간 접속자 수천 명, 수만 명과 함께 게임을 즐기기 때문이다. 예전엔 게임 잡지에 홍보했다면 이제는 인터넷방송 BJ들에게 이 게임 써보라고, 저 게임 써달라고 제안을 한다. 매체나 온라인 광고보다도 실제 게임을 좋아하는 시청자들이 즐겨보는 BJ방송에서 게임이 노출되면 더 많은 효과를 기대할 수 있어서다. 게임마케팅까지 바꿔버린 BJ들의 힘이다.

대기업에서는 지금 최고의 인기 BJ 영입하기 중

대기업에서는 사내 방송국이 있다. 회사 직원들을 대상으로 대규모 기업단지에서 방송하는 시스템이다. 그런데 요즘엔 기업들이 변하고 있다. 공장에서 일하는 직원들이나 회사 건물에서 근무하는 직원들에게 전하던 방송은 특별한 상황에서 전하는 안내방송으로만 대체하고 인터넷방송을 활용하는 상황으로 바뀌는 중이다. 직원들 외근이 잦고 국내외 출장이 많은 상황에서 회사 방송은 이제 더 이 상 기대할 수 있는 효과가 줄었기 때문이다.

회사 안에서 자리에 앉아 근무하는 직원들보다 영업 현장에서 근 무하는 직원들이 많고 재택근무하는 직원 그리고 거래처 상담 나간 직원들이 많은 상황이다. 이런 경우엔 그들에게 업무용 스마트폰 한 대씩 전달하고 인터넷방송 어플을 만들어서 실시간으로 업무 지시 를 내리거나 안내방송을 하는 게 훨씬 더 유익하다. 대기업체에서 인기 BJ들을 영입하려는 이유가 가시화되는 중이다.

04 지상파 방송국의 BJ 따라하기

인터넷방송 BJ들이 '먹방'을 하면서 인기를 얻자 지상파 방송 프 로그램들도 너도나도 먹방 프로그램 만들기에 나섰다. 여행을 떠난 먹방, 집에서 해먹는 먹방, 맛집 찾아다니는 먹방 등으로 형식이나 규모만 조금 달라였을 뿐인지 인터넷방송 BJ들이 처음에 시작한 먹 방이라는 기본 콘셉트는 그대로 똑같다.

지상파 프로듀서들이 인터넷방송을 본다?
방송 포맷이 저작권이 되는 시대다. 제대로 된 방송 포맷 하나만 만들어도 수출도 하고 라이센스 수익도 기대할 수 있다. 그래서 지상파 프로듀서들이 아이디어를 찾을 겸 인터넷방송을 보는 경우가 많다. 알게 모르게 '내가 모 프로듀서다!'라고 말하진 않지만 잠자코 지켜보는 이들이 상당수다.

예전엔 밤10시부터 새벽 1시 사이에 사람들이 책을 읽었다. 1980년대에서 1990년대에 이르는 동안에도 이러한 흐름은 바뀌지 않았다. 부모들은 아이들에게 말했다.

"이제 책 좀 그만 읽고 자!
내일 학교 지각하면 어쩌려고 그래?"

그런데 이제 부모들의 다그침이 변했다. 아이들이 컴퓨터 앞에서 게임하느라 벗어나질 않는데서다.

"너 게임 그만 안 하면 혼난다! 얼른 안 자?"
"네. 자요."

그런데 아이들도 부모들의 질책에 대응하는 법을 알았다. 아이들의 손에는 스마트폰이 한 대씩 쥐어진 상태다. 부모들이 잠자라고 하면 스마트폰을 들고 침대로 간다. 그리고 누워서 인터넷방송을 켠다. 이어폰을 끼고 눈을 감으며 잠을 자는 척을 하기도 한다. 스마트폰에서는 인터넷방송 BJ들이 방송 중이었고 이어폰을 통해서 그 멘트가 낱낱이 전달되는 중이다. 아이들은 라디오를 듣는 것도 이젠 안 하기 시작했다. 책 상 앞에서 읽던 책은 온 데 간 데 없이 사라져서 책꽂이에서만 볼 수 있게 된 지 오래다.

06 밤 11시부터 새벽 2시, 책 대신 스마트폰을 보는 이유

책의 콘텐츠가 스마트폰에 다 있다? 아니다. 책에만 있는 콘텐츠가 있다. 하지만 사람들은 책 대신 스마트폰을 보기 시작했다. 왜 그럴까? 그 이유는 단순하다. 책 한권으로 얻을 수 있는 가치보다 스마트폰 한 대로 얻는 효용가치가 더 많기 때문이다. 책은 무겁고 들고 다니기 귀찮아서 단지 '책상 위에서만 보는' 것인데 스마트폰은 음악도 듣고, 인터넷도 하고, 문자도 하고, 전화도 하고, 게임도 한다. 책 한 권보다 가벼운데 할 수 있는 건 더 많다. 그들에게 '스마트폰 하지 말고 책을 읽어!'라고 자신 있게 말할 수 있을까?

그들이 책을 보게 되려면 책 만드는 사람들이 스마트폰보다 재미있게 만들면 된다. 스마트폰 사용자들이 책 독자가 되도록, 그들이 스스로 제발로 걸어오도록 만들면 된다. 그렇게 하지 않고 '좋은 책을 몰라주는 어리석은 독자들'이라고 핀잔주면 안 된다. 요즘 보면 출판사 직원들이나 사장들도 지하철이나 어디에서건 스마트폰만 들여다보는 일이 많다. 그들도 자신이 만든 책을 들고 다니지 않는데 남들이라고 해서 그럴까?

07 키워드 검색 그리고 블로그마케팅을 거쳐, 이제 인터넷방송 BJ 시대

인터넷 분야에서 성공한 3가지 아이템은 '검색, 쇼핑, 경매'라는 이야기가 정설로 전해온다. 아마존, 이베이, 옥션, 지마켓, 쇼핑몰, 네이버, 구글, 페이팔 등등의 성공한 인터넷 기업들의 면모를 보더라도 수긍하게 된다.

그런데 검색 사업에서 키워드광고가 인기를 끄는가 싶더니 어느새 블로그가 자리잡았다. 기존에 검색광고로 찾을 수 있는 정보가 빈약하고 광고성 멘트가 가득하자 천지에 은둔해 있던 전문가들이 직접 정보를 블로그에 올리면서 파워블로가 되고 방문자 수면에서도 웬만한 사이트보다 더 많은 트래픽을 유발하는 정보권력자로 등장한 점이다. 인터넷에서 성공한 3가지 아이템이 아니라 블로그까지 4가지 아이템이 되어가는 듯 했다.

하지만 스마트폰 한 대가 출현하면서 흐름이 또 바뀌는 중이다.

블로그보다는 스마트폰 안에서 태어난 SNS 기능이 맹위를 떨친다. 블로그나 페이스북, 각종 검색 정보라고 해도 친구들과 지인들에게 반드시 검증을 거쳐야만 그나마 진실성을 인정받게 되는 상황이다. A=B라고 아무리 강조해도 사람들은 주위 사람들에게 물어보고 여러 사람으로부터 인정을 받아야만 수긍을 한다. 그것도 100% 수긍이 아니라 '그럴 수도 있겠다' 정도다.

그래서 인터넷방송 BJ의 등장과 인기를 얻는 속도가 빠른 점을 눈여겨봐야 한다. 사람들이 인터넷방송 BJ들에게 보내는 신뢰가 어느 정도인지, 어디까지 사람들이 신뢰하고 받아들이는지 방송 채팅창을 유심히 보며 사람들의 심리를 읽어야 한다. 그 안에 사회 흐름이 있어서다.

08 스마트폰 사용자들이 BJ 콘텐츠를 소비하는 방식

시청자들은 BJ를 생각할 때 유명연예인이나 스타라고 생각하기보다는 단지 '콘텐츠 생산자'라고 보는 경향이 더 많다. 일례로 모 인기 BJ가 홍대 거리에 등장한 날이 있다. 사람들로부터 엄청난 시달림과 사진 찍기 요구를 받을 것이라 생각했지만 결과는 참담했다. 간간히 그 BJ를 알아보는 사람들도 있었지만 그뿐이었다.

당시 BJ가 등장했던 거리엔 인디밴드 공연이 펼쳐졌고 거리엔 많은 사람들이 왕래 중이었다. 하지만 이 BJ를 알아보고 다가서는 사람은 고작 손가락 안에 드는 숫자였다. 온라인상에서는 수천 명, 수만 명의 시청자들을 몰고 다니는 인기인이라고 생각했지만 오프라인에서는 큰 인기를 누리는 '스타'가 아니었다.

무슨 이유일까?

현재까지의 인터넷방송은 콘텐츠를 소비하는 사람들이 모인 곳이다. 예를 들면, 강남 지역이나 홍대 지역엔 유명한 클럽이 있다. '밤사'라고 애칭으로 부르는 곳이다. 여기에 들어가려면 23살 이상 성인이어야 한다. 그런데 이 안에 들어가면 발디딜 틈도 없이 많은 사람들로 북적댄다. 인터넷방송 BJ는 오프라인의 '밤사' 같은 콘텐츠다.

사람들이 지나가면서 '저기 밤사 있다!'라고 말하는 것과 '너 밤사 가봤어? 너 밤사 알지?'라고 말하는 정도다. 사람들은 '밤사'를 알고 거기에서 몰려서 놀지만 그렇다고 해서 '밤사'를 보면서 스타라고 생각하지 않는다. 가장 큰 이유는 '화제성'과 '감정이입'의 차이다.

지금까지의 인터넷방송 BJ는 이슈와 화제성이 있어서 시청자들의 관심 대상이긴 했지만 거기엔 배우나 가수들처럼 시청자들이 '감정이입'할 수 있는 콘텐츠가 없었기 때문이다. 그래서 온라인상 인기 BJ라고 해도 오프라인에 나오면 '스타'가 될 수 없는 이유다. 참고로, 이 책 '인기 BJ 따라잡기'에서는 시청자들과 감정이입하고 공유하는 콘텐츠 만들기를 중점적으로 다루고 있다.

09 트위터와 페이스북을 넘어, 인스타그램과 카카오스토리를 지나

사람들의 취미와 기호도는 엄청 빠른 속도로 변한다. 인터넷 업계에서는 그 빠르기가 일반적으로 3년 단위라고 말한다. 이런 경우다. 여기 중학교 1학년 동생이 있고 고등학교 1학년 형이 있다. 여동생과 언니라고 비유해도 된다. 어쨌든 동생이 보기에 형은 엄청 형이다. 그런데 그 형이 SNS를 사용한다면 그건 형이니까 사용할 수 있는 놀이가 된다. 부러워한다. 자기도 형처럼 사용하고 싶어 한다.

그렇게 시간이 흘러 동생이 형처럼 고등학교 1학년이 되었다. 동생은 자기가 어렸을 때 형이 사용하던 SNS를 보는데 어쩐지 이젠 이거 아닌 것 같다고 생각한다. 동생이 어렸을 때 형들이 쓰던 건데 자기가 지금 몇 살인데 옛날에 형들이 쓰던 걸 지금도 쓰겠느냐며 도리질을 친다. 새로운 걸 찾는다. 이렇게 3년이 흘렀다.

그래서 지금은 인터넷방송 BJ가 트렌드가 되는 중이다. 그런데 BJ
들의 경우엔 연령대가 고르게 분포되어 있어서 3년 주기설이 들어
맞지 않는다. 지금도 청소년들부터 청년, 장년층 들이 골고루 시청하
고 있기 때문이다. 각자에게 어울리는, 각자가 좋아하는 콘텐츠를 골
라서 소비하는 중이다. 동생이 형의 나이가 되면 그때 또 어울리는
새로운 BJ가 등장하는 덕분이다.

그러므로 누구에게나 공평하게 문이 열려있는 인터넷방송 BJ 시
장에 지금이야 말로 진출해서 시장을 선점할 시기다. 절호의 기회라
고 봐야 한다.

인터넷포털 사이트 등에서 새로운 인터넷 아이템을 준비하면서
인터넷방송 BJ 콘텐츠로 눈을 돌리는 상황이다. 지상파 TV가 인터넷
기업과 손잡고 기존의 것과 다른 새로운 인터넷방송 BJ 콘텐츠를 만
들려는 시도도 보인다. 지금까지의 인터넷방송 BJ가 아마추어였다
면 이제부터 자본과 기술이 들어와서 제대로 된 플랫폼으로 변모하
려는 분위기가 느껴진다.

포털사이트에서 눈독을 들이는 콘텐츠가 뭐가 있을까?

그건 바로 1:1 SNS 서비스를 기반으로 하는 교육 콘텐츠가 위주가 될 것으로 보인다. 막강한 시설과 장비에 힘입어 막대한 자본을 쏟아 부으면 일순간에 국내 교육시장을 사로잡을 수 있지 않을까? 특히 1:1 SNS 서비스가 큰 인기를 얻고 할아버지 할머니도 누구나 스마트폰을 갖고 있는 국내 시장 상황에서 포털사이트와 지상파TV 그리고 SNS기업이 합쳐지면 교육 시장뿐 아니라 인터넷방송 시장 그리고 모바일 인터넷환경까지 일순간에 판도를 바꿀 수 있으리라 보인다.

인터넷방송 BJ,
최고의 직업이 되다

바야흐로 인터넷방송의 전성기를 코앞에 둔 순간이 되었다. BJ는 전성기가 오고 그 다음에 사라질 한낱 트렌드도 아니다. 어엿한 하나의 직업군으로서 학생들이 부모 직업을 쓰는 공란에 '인터넷방송 BJ'라고 쓰게 될 날이 멀지 않았다는 이야기다. 아나운서, 기자, 쇼호스트, 이벤트MC, 연예인 등처럼 부모의 직업으로서 BJ가 인정받게 될 날이 곧 온다는 말과 같다.

각 급 학교나 대학 전공학과에 BJ를 꿈꾸는 사람들을 위해 최고의 BJ가 되기 위한 강좌도 만들 수 있다. 학생들이 배우게 될 수 있는 내용은 시청자들과 제대로 소통하는 법, 효과적인 인터넷방송 스튜디오 설치법, 실내방송과 야외방송의 장단점, 인터넷방송 진행자BJ로서 갖춰야할 상식, BJ가 알아야할 인터넷방송에 관한 법률, BJ의 코디 스타일링 수업, 인터넷방송 장비에 관한 기초상식 등이 될 수 있다.

그런데 이 모든 이야기가 상상 속에서만 존재하지 않고 현실에서 실제 볼 수 있게 되는 날이 오지 않으리라고 장담할 수 있는 사람이 누가 있을까? 세상의 모든 일은 '장난'으로 치부되던 일에서 시작된 게 많기 때문이다.

새鳥처럼 날고 싶은 사람들의 무모한 도전이 현대의 비행기가 되어 조종사와 승무원이라는 직업군을 만들지 않았든가? 달나라에 토끼가 살고 있을 것이라며 달나라에 가고 싶다는 사람들의 꿈은 지구 밖 우주정거장을 만들어 우주 연구를 하고 있으며 어느새 화성MARS에 우주선을 보내 현지 탐사까지 하는 중이니 말이다.

'꿈은 미래의 현실'이다. BJ를 생각할 때, 인터넷 문화를 즐기는 청소년들이나 젊은층에 국한된 또래문화라고 치부해버리기엔 어딘가 잠재력이 무궁무진한 가능성이 보인다. 최고의 BJ를 꿈꾸는 사람들이 늘어나면서 BJ가 직업으로서 당당히 인정받게 될 날이 온다는 게 현실이 되는 까닭이다.

인터넷방송의 콘텐츠에 열광하는 시청자들의 수가 늘어나고 인터넷방송 진행자BJ를 좋아하는 팬들이 생기면서 머지않은 미래에 어엿한 하나의 직업으로 인정받게 될 가능성이 더 커지는 이유다. 일례로 인터넷에 블로그를 만들던 사람들이 '블로거'라는 직업을 갖게 된 점도 있고, 인터넷에 댓글을 달아주며 아르바이트를 하는 사람들

도 있는 게 어엿한 사실이지 않은가? 인터넷에 가게를 차리고 싶다
는 꿈을 꾸던 사람들이 인터넷쇼핑몰을 만들었고, 아마존이나 이베
이 같은 글로벌 기업으로도 성장하는 세상이다.

최고의 인기를 누리는 BJ들은 요즘도 이야기한다.

'BJ가 왜 직업이 될 수 없나요?'

"저의 직업이 BJ라는 게 전혀 이상하지 않아요."

"게임 좋아하는 사람들이 프로게이머가 되었잖아요?
BJ 좋아하는 사람들이 프로 BJ가 될 거예요."

"사람들이 저를 만나면 저의 직업을 물어봐요.
그래서 BJ 한다고 말해주는데 그게 이상한가요?"

"나중에 제가 결혼하고 아이들이 태어나도
BJ를 계속 하고 싶어요. 저의 아이들은 부모님 직업을
쓰는 곳에 BJ라고 쓰겠죠. 그런 날이 분명 올 거라고 믿어요."

직업으로서의 인터넷방송은 단점보다는 장점도 많은 분야다. 개
인생활이 강조되고 사회적 성공보다는 개인의 행복을 추구하는 사

람들이 많아지면서 남의 눈치를 보던 시대가 아니기 때문이다. 사회적 성공이란 잣대를 좋은 대학 나와서 월급 많이 주는 대기업 입사하는 것으로 판단하는 시대가 아니다.

업무에 치이느라 새벽에 출근해서 밤늦게까지 일하던 아빠들도 자기의 인생을 돌아보며 후회에 빠질 때가 많지 않은가? 가정에 충실하고 돈 많이 버는 아빠가 좋은 아빠인줄 알았는데 자녀들이 외국 유학까지 마친 후엔 부모와의 사이가 서먹해지면서 고충을 토로하는 사람들도 많은 게 사실이다. 개인의 행복보다는 사회적 시선을 눈치 보며 자신의 삶을 허비한 사람들이지 않을까 싶다.

자기가 좋아하는 일을 하라!
이 책은 그래서 '인터넷방송을 좋아하고 인기 BJ가 되고 싶은 사람들을 위한 최초의 가이드'이다. 지금까지 당신이 봐오던 신문 연재만화나 만화책 단행본들이 인터넷상 웹툰이 되었고 극장에 가야만 볼 수 있다고 여기던 영화를 침대 위에 누워서 잠자기 전에 유튜브로 시청하는 세상이다. TV방송이 인터넷방송이 되면서 그동안 당신이 누리지 못했던 방송진행자와 시청자 사이에 소통이란 경험을 느낄 수 있다. 방송 일을 하고 싶어서 PD시험을 볼 필요도 없고, 쇼호스트가 되기 위해 학원에 다니고 다시 면접시험을 볼 필요도 없다. 인터넷방송 BJ가 되기 위해선 이 책 한 권이면 충분하다.

그래서 BJ는 직업이다.

이 책은 '재미있게 놀아라play'가 아니다. 당신이 좋아하는 '일work'을 하라'다. 인터넷방송의 인기 BJ가 되는 길은 열렸다. 당신이 그 위에 서 있다면 더 이상 머뭇거리지 말고 달려 나가면 될 뿐이다. 달리는 게 조심스럽다면 한발자국씩 걸음만 내딛어도 충분하다. 이 책 '인기 BJ 따라잡기'는 새로 생긴 길 위에 선 당신이 헤매지 않고 목적지를 찾아가게 해주는 지도가 된다.